Osnabrücker Land · Emsland

Osnabrück, klagte einst der Heidedichter Löns, sei ja fast niemandem überhaupt bekannt. Eine Untersuchung des ›Stern‹ über die Popularität deutscher Städte bestätigte es noch hundert Jahre darauf: Kaum jemand in der Republik, so fand man heraus, besitze ein Bild von der Stadt an der Hase, nicht mal ein schlechtes – sie existiere irgendwie gar nicht. Und Meppen, Lingen, Haselünne oder Papenburg? Oft genug wird Ostfriesland vermutet, wenn man nach der Region fragt, in der diese Städte liegen. Denn das sei doch das Emsland: ein Anhängsel Ostfrieslands. Etwa nicht?

Dass beide Regionen, weder Osnabrücker noch Emsland, ›Anhängsel‹ sind, möchte dieser HB-Bildatlas belegen. Mit der Schilderung eines der ältesten Bischofssitze in deutschen Landen vorneweg: Osnabrück, seit 1973 Universitätsstadt, ließ sich 1998 nicht nur als Jubilarin des epochalen Westfälischen Friedens von 1648 feiern, sondern auch als eine Provinzkapitale, die nach – zugegeben – kulturellem Dämmerschlaf bis in die 1970er-Jahre wieder jung wurde wie wenige andere in Deutschland. Nußbaum-Museum, Avantgarde-Festivals, Altstadtsanierung und, dank Keeper Uwe Bruns' Heldentaten, der lang ersehnte Wiederaufstieg des VfL in die zweite Liga – vielleicht hat Heinz-Rudolf Kunze, bekennender Osnabrücker, ja doch seine Heimatstadt gemeint, als er sang: ›Dein ist mein ganzes Herz …‹

Vor den Toren dann sanfthügeliges Land, das nach Norden flacher wird: Am Teutoburger Wald streift man durch lichte Wälder und altehrwürdige Bäder, vom Dümmer See über das Artland bis hinauf nach Cloppenburg durch Dörfer, deren einzigartige, imposante Fachwerkhöfe Weltkulturerbe-verdächtig sind. Und in Kalkriese bei Bramsche folgt man den 1987 endlich wiedergefundenen Spuren der Legionen des Römers Varus – auch das ein epochales Ereignis, das die Historiker weltweit in Atem hielt.

Dann das Land an der Ems: Vom gemütlichen Papenburg, wo Ozeanriesen gebaut werden, durch weite, flache Moorlandschaften, immer fast schon in Holland, führt der Weg bis in die von einer mächtigen Burg gekrönten Grafschaft Bentheim – und ist voller Überraschungen. Hält Juwelen bereit wie den Schlossstern von Clemenswerth, einen Wasserburgenfleck, der ›Herrlichkeit‹ heißt, oder ursprünglich wirkende Flussmäander, über denen Libellen tanzen.

Sensationen, gewiss, haben Johannes Bohmann (Text) und Mike Schröder (Fotos), die hiermit die HB-Bildatlas-Ausgaben Nr. 51 und 77 ersetzen, nicht zu melden. Um so herzlicher laden sie zur Entdeckung ein. In ein stilles Land, das es in sich hat.

Blick vom Turm der Marienkirche auf den Osnabrücker Dom und – dahinter – die Herz-Jesu-Kirche neben der Landesversicherungsanstalt.

Titel: Osnabrücker und Emsland sind ein grünes Land – hier in der Noller Schlucht.

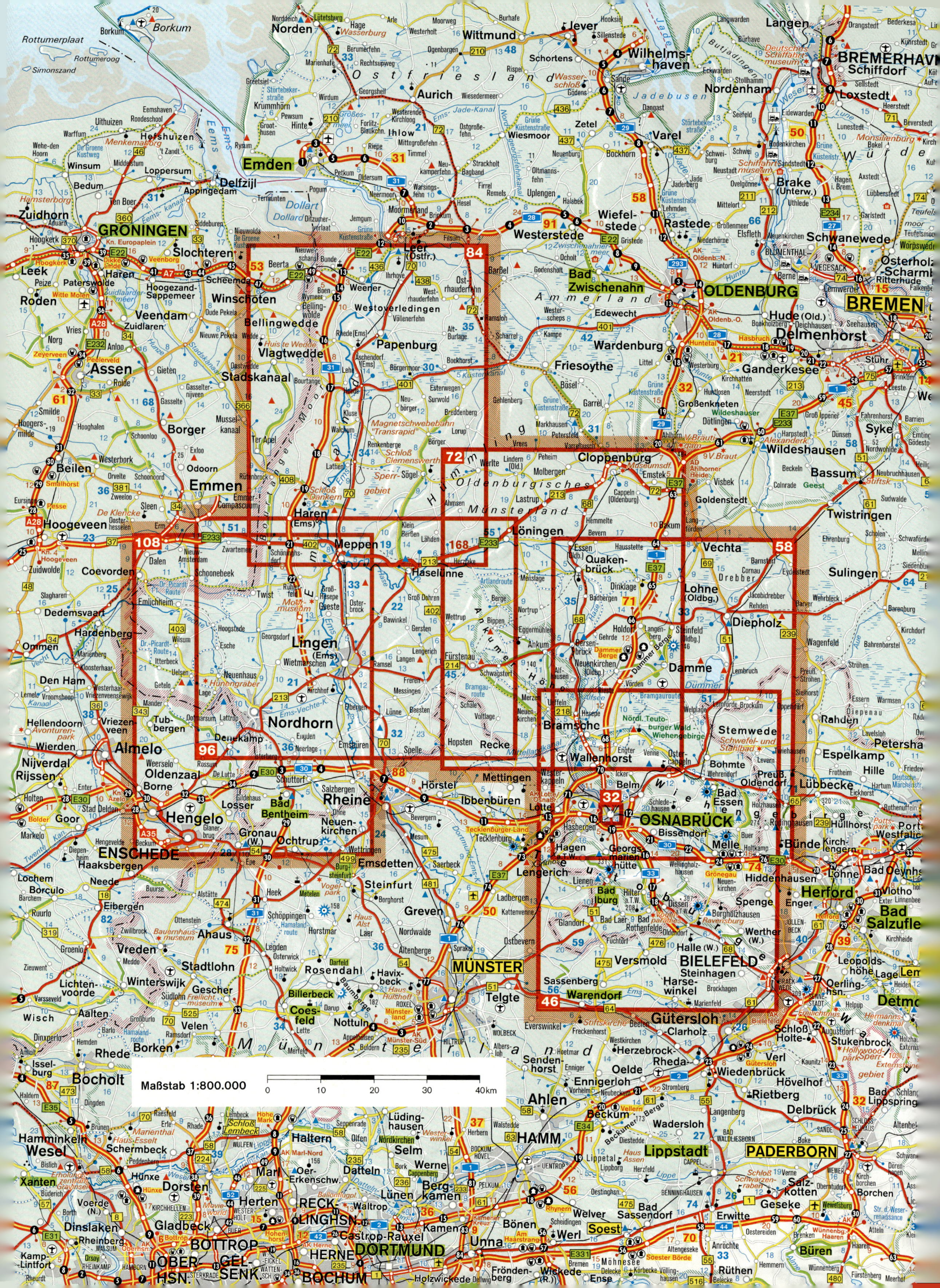

Maßstab 1:800.000
0 10 20 30 40 km
84
53
72
168
108
96
58
88
32
46
Borkum
Norden
Wittmund
Jever
Wilhelmshaven
Bremerhaven
Emden
Aurich
Leer (Ostfr.)
Westerstede
Oldenburg
Bremen
Delmenhorst
Groningen
Delfzijl
Papenburg
Cloppenburg
Vechta
Emmen
Meppen
Lingen (Ems)
Nordhorn
Löningen
Haselünne
Quakenbrück
Diepholz
Almelo
Hengelo
Enschede
Rheine
Ibbenbüren
Osnabrück
Bad Bentheim
Steinfurt
Münster
Telgte
Warendorf
Gütersloh
Bielefeld
Herford
Bad Salzuflen
Paderborn
Lippstadt
Ahlen
Hamm
Bocholt
Wesel
Dorsten
Recklinghausen
Bottrop
Gelsenkirchen
Herne
Dortmund
Bochum
Unna
Soest
Büren

Inhalt

Osnabrücker und Emsland in markanten Bildern

Alt, aber oho: die Stadt Osnabrück

Stahl und Sole im Bäderdreieck

Burgenland: von Bad Essen zum Dümmer See

Kulturschätze unter Reet: Bramgau und Artland

Gute Aussichten an der Ems und im Hümmling

Immer an der Ems lang, von Meppen nach Lingen

Gräfliches Grenzland: Bentheim und Nordhorn

Anhang

Die Region ist ein Land der Windmühlen – von der uralten Bockwindmühle im Museumsdorf Cloppenburg bis zu den modernen Stromerzeugern wie hier am Rand des Bourtanger Moors.

Ihr Winzerland Rheinland-Pfalz
Ihr Winzerland

Neue Töne braucht das Land

Niedersachsen ist die Heimat der Schützenfeste, und an deren Popularität hat sich auch zwischen Hase und Ems bis heute nichts geändert: Wo man Bier und Korn trinkt, wird bodenständig gefeiert. Dennoch sind auch die neuen Töne längst nicht mehr fremd. Osnabrück hat sich einen Ruf als Gastgeber zukunftsweisender Avantgarde-Festivals erworben, auf den Waldbühnen von Meppen bis Melle treten auch schon mal Rockbands auf und in Gemeindehäusern oder alten Bahnhöfen Dixie- und Jazzkapellen. Und wer mag, trinkt beim Zuhören Korn und Bier.

Im Herzen der Osnabrücker Altstadt ist immer etwas los: Oldtime Jazz auf dem Rathausplatz.

Erntezeit, schöne Zeit

Wenn der Hahn kräht auf dem Mist … Weil Osnabrücker Land und Emsland Bauernland sind, diskutieren seine Bewohner über den Sinn (oder Unsinn) alter Bauernregeln noch mit Realitätsbezug. Mai kühl und nass, füllt Scheuer und Fass? Wenn Ausflügler über Landregen jammern, freuen sich wenigstens andere, weil das der Gerste und den Kartoffeln gut tut. Und obwohl die Landwirtschaft längst hochmechanisiert ist, hat sie noch immer romantische Züge. Besonders zur Erntezeit, wenn wieder alle darüber reden, ob sie stimmt, die Sache mit dem Hahn.

Immer noch Knochenarbeit: Früher wurde das Heu mit der Gabel aufgeladen, heute verpackt es die Ballenpresse. Ohne Schweiß geht es dennoch nicht.

Handwerk für den Pferdefuß

Korbflechter, Holzschuhmacher, Seiler, Blaufärber, Wagenbauer … Die meisten der in der Region einst wichtigen alten Handwerke werden nur noch in Museen betrieben. Vorbildlich zum Beispiel in Cloppenburg, dessen Museumsdorf zu den besten Deutschlands gehört, unauffälliger in Orten wie Glandorf, Emsbüren oder Rhede. Wer sich Zeit nimmt und zuschaut, kann schon wehmütig werden. Denn vielleicht ist es ja nicht mehr weit hin, bis niemand mehr weiß, wer dem Pferd die Schuhe flickt.

Vorsicht, heißes Eisen! In der Harpenfelder Dorfschmiede am Bad Essener Schlösser-Rundweg werden Werkzeuge und Hufeisen geschmiedet.

Oldenburg

Blaue Augen in der Geest

Am Nordrand der letzten Mittelgebirgsbuckel, zwischen den Sandhügeln der Geest, liegt an Hase, Hunte und Ems eine Vielzahl von Speicher- und Moorseen, die für Wassersport ideal sind. Beim Freizeitpark Dankern, am Geester Speicher bei Meppen, am Alfsee an der Hase und am Dümmer bei Damme, Niedersachsens zweitgrößtem Binnengewässer, sind Surfer, Segler, Kanuten und Wasserskifahrer zu Hause. Und wer kein Boot oder Brett hat, geht angeln: Kaum ein Ort, in dem es dafür keinen Fluss- oder Bachlauf gibt.

Der Dümmer ist so flach, dass Ertrinken kaum möglich ist. Deshalb – und wegen des riesigen Gastronomie- und Freizeitangebots – steht er auf der Liste der familienfreundlichen Ziele ganz oben.

Wacholderhain mit Erika

Schäfchen zählen ist eine Medizin für strapazierte Nerven – und ein traditioneller Beruf im deutschen Nordwesten. Im Hümmling rund um Surwold und Sögel, in den Wacholderhainen von Haselünne bis Quakenbrück, an den Deichen der Ems bei Papenburg, aber auch in den Wiesen der Grafschaft Bentheim und in den Haseauen im Artland sieht man die Herden. Das Vieh ist genügsam, multifunktional – es düngt den Boden und tritt die Krume fest – und, anders als die Nerven, beneidenswert stressresistent.

Im Hahnenmoor zwischen Grafeld und Herzlake versieht eine Schäferin den Hütedienst. Ein romantischer Job? Nur, wenn die Heide blüht.

Schaurig ist's, im Moor zu stehn

Das Emsland galt bis in die Jahre nach dem Zweiten Weltkrieg als eine der strukturschwächsten Regionen der neuen Republik. Im legendären Entwicklungsprogramm ›Emsland-Plan‹ wurde es in die Gegenwart geholt: mit Moorentwässerungen, Straßenbauten und Besiedlungsmaßnahmen. Das Große Moor verlor so seinen Schrecken – und sein altes Gesicht. Durch Renaturierungen von Moor- und Heideflächen versucht man, dies punktuell rückgängig zu machen. Die Besucher profitieren: Wandern im Moor ist ein heute risikofreies Naturerlebnis.

Im Moormuseum Groß Hesepe wird alles gezeigt, was im Moor seit 50 Jahren geschah. Und wie es früher aussah – anhand renaturierter Flächen.

Osnabrücker und Emsland:

An Hase, Ems und Hunte

Zu den Topzielen des Fremdenverkehrs zählt die Nordwestecke Deutschlands nicht. Weil die nahe Küste attraktiver ist? Weil es nichts zu sehen gebe, das Land platt und die Menschen einsilbig seien? Das sind Vorurteile, die es zumindest zu relativieren gilt. Denn immerhin gibt es im Osnabrücker Land 15 000 Gästebetten, und in den letzten Jahren wurden rund zwei Millionen Übernachtungen jährlich, im Emsland sogar 2,2 Millionen gezählt.

Aber um welches Gebiet geht es überhaupt? Um die Landkreise Osnabrück (vor der Gebietsreform die Altkreise Bersenbrück, Wittlage, Melle), Emsland (zuvor Aschendorf-Hümmling, Lingen, Meppen) und Grafschaft Bentheim/Kreis Nordhorn sowie die kreisfreie Stadt Osnabrück. Abstecher führen nach Cloppenburg und in den Landkreis Vechta (Damme, Dümmer, Dinklage). Historisch eint diesen Raum der Einfluss

Bäuerlich geprägt ist die ganze Region und im Artland auch wohlhabend: Taxushecke des Hofes Berner in Badbergen-Wulften.

zweier Bischöfe: derer von Osnabrück (Hochstift Osnabrück) sowie vom westfälischen Münster (Oldenburger Münsterland, vormals Niederstift Münster, also Sögel/Hümmling und Vechta, 1252 vom Bischof von Münster erworben). Osnabrück, das im Dreißigjährigen Krieg dem Protestantismus zuneigte, wurde wieder streng katholisch wie das benachbarte Münster. Weite Teile der Region sind daher bis heute, anders als das restliche Niedersachsen, katholisch und nicht protestantisch geprägt.

Geest oder Gebirge?

In seiner Gesamtheit bietet die Region eine Vielfalt an Landschaftserlebnissen. Längs der Ems wird sie von riesigen Moorflächen geprägt, die in das leicht gewellte Land der Geest übergehen, deren Rücken wahrscheinlich von den Gletschern der Elster-, Saale- und Weichseleiszeiten aufgeschoben wurden, also vor 30 000 bis 10 000 Jahren entstanden sind. Die Altmoränenzüge (Ankumer Höhe, Dammer Berge, Hümmling) erreichen allerdings kaum die 150 Meter über Normalnull.

Mittelgebirge – nicht vom Eis gebildet, sondern durch Erdauffaltung – sind dagegen das Wiehengebirge östlich und der Teutoburger Wald (früher ›Osning‹) südlich von Osnabrück. Höchste Erhebung ist mit 331 Metern der Dörenberg bei Bad Iburg. Die Berge bestehen zumeist aus Kalk- und Sandstein; am Piesberg, eine Ausnahme, grub man bis vor kurzem auch nach Steinkohle, bei Georgsmarienhütte (am ›Hüggel‹) gab es Eisenvorkommen, das die (erloschene) Stahlindustrie im Osnabrücker Süden versorgte.

Eine Sonderrolle fällt auch Bentheim zu: Der dortige Burgberg ist nördlichster Mittelgebirgsfels in Deutschland. Bereits im 11. Jahrhundert wurde er befestigt und war Mittelpunkt einer bis 1815 eigenständigen Grafschaft.

Wie Moore entstehen

Drei Flüsse nähren das Land: die Ems, deren Quelle im westfälischen Paderborn liegt; die Hase, die bei Melle entspringt und über ein Binnendelta bei Quakenbrück in die Ems fließt, und im Osten die kleinere Hunte, die den Dümmer speist. Von größeren Schiffen kann nur der Unterlauf der Ems befahren werden; um sie auf ganzer Länge anzubinden, wurde von 1890 bis 1899 der Dortmund-Ems-Kanal gebaut als längs des gesamten Emstals schiffbare Wasserstraße. Sie machte die Emden zum Außenhafen des Ruhrgebiets.

Die Moore Westniedersachsens sind fast alle Nieder- oder Hochmoore. Niedermoore entstanden über Jahrtausende durch langsame Verlandung von Seen oder von Fluss-Altarmen, die von Schilf, dann von Erlenbrüchen und schließlich von Kiefern oder Birken überwuchert wurden. Durch das Hochwachsen erreichten die Wurzeln der Pflanzen aber irgendwann nicht mehr das Grundwasser, die Wurzeln starben ab und vertorften.

Auf diesem relativ wasserundurchlässigen Polster entwickelten sich anschließend die Hochmoore: Nährstoffarmes Regenwasser staute sich an ihrer Oberfläche, da aber das nährstoffreiche Grundwasser nicht mehr erreicht wurde, starben alle höheren Pflanzen ab und machten Flechten und Moosen Platz. Diese lagerten sich jedes Jahr in neuen Schichten über den Untergrund, der sich somit wie ein Uhrglas aufwölbte – deshalb spricht man von ›Hoch‹-Mooren.

Papenburgs Von-Velen-Freilichtmuseum veranschaulicht die bitterharten Anfänge der emsländischen Moorkolonisation.

Beginnend vor etwa 300 Jahren, wurden die Moore zur Brennstoffgewinnung abgebaut. Oft wurde dabei brandgerodet, um in die Asche den genügsamen Buchweizen einzusäen; er ist deshalb bis heute das Traditionsgericht des Emslands. Durch Trockenlegung mit Hilfe moderner Maschinen wurden schießlich weite Moorflächen entwässert, zuletzt im ›Emsland-Plan‹ der 1950er-Jahre, dann gepflügt und mit Sand aufgemengt. Die Folge: Das Moor starb langsam ab.

Land der Mühlen

Eine Überraschung für viele: Die Region Osnabrück ist Niedersachsens Spitzenreiter in puncto Mühlen. Nicht an der Küste, sondern im Vorland von Teutoburger Wald und Wiehengebirge hat man die dichteste Ansammlung von Wind- und Wassermühlen im Norden Deutschands ermittelt. Schon in fränkischer Zeit gab es hier Hofmühlen, die die sächsischen Edelhöfe mit Wasser und Energie versorgten, und Osnabrücks Fürstbischöfe, die viele dieser Höfe beerbten, betrieben über 50 Mühlen, die als Lehen vergeben wurden. Mit der Säkularisierung kamen viele in Staatsbesitz oder fielen an private Betreiber. Heute kümmern sich Vereine und private Initiativen um ihre Pflege und Instandhaltung. Die gut 200 Mühlen, die Stadt und Land Osnabrück heute noch aufweisen, dürften höchstens ein Viertel dessen ausmachen, was es noch im 19. Jahrhundert gab, als die Gewerbefreiheit dem Mühlenwesen zum Boom verhalf. Rund Dreiviertel sind Wassermühlen – historisch die älteste Form –, die anderen Windmühlen, Rossmühlen und kombinierte Wind- und Wassermühlen. Meist wurden sie als Getreide- oder Sägemühlen betrieben, aber auch als Öl-, Walk-, Papier- oder Lohmühlen. Bei den attraktiveren Windmühlen unterscheidet man als wichtigste Bauformen die Bockwindmühle (›Deutsche Mühle‹), deren kastenförmiger

Land, Leute, Geschichte

Körper auf einem Bock steht und mitsamt Drehkreuz in den Wind gedreht wird, und die leistungsfähigere Holländermühle (Varianten: Erdholländer, Galerieholländer), bei der sich nur noch die Mühlenspitze mit dem Drehkreuz in den Wind dreht.
Wer heute eine der vielen Mühlen auch von innen besichtigen will, ist in der Regel auf den ›Mühlentag‹ angewiesen, den Pfingstmontag jeden Jahres. Seit 1990 öffnen an diesem Tag fast alle Mühlen ihre Tore auch für eine Besichtigung des Innenlebens. Oft werden dabei Feste gefeiert, alte Handwerke vorgeführt, Biomärkte abgehalten, Brot und Kuchen gebacken – und frisch vom Blech verkauft.

Frühe Helden

Geschichtsinteressierte kennen das Osnabrücker Land seit 1987: Im Sommer jenes Jahres entdeckte ein Major der britischen Rheinarmee am Kalkrieser Berg bei Bramsche römische Münzen, die bewiesen: Hier und nicht bei Detmold in Ostwestfalen, wie man bis dahin glaubte, fand im Jahre neun nach Christus die legendäre Varusschlacht statt, die das Ende der römischen Eroberungspläne für Germanien bedeutete. Hermann (Arminius) der Cherusker also ein Osnabrücker? Dem Fremdenverkehr in der Region gab der Fund jedenfalls einen deutlichen Schub. Zu Recht, denn der Archäologische Park, der seither in Kalkriese Gestalt annimmt, ist ein Vorzeigeprojekt deutscher Museumspädagogik.

Mit Karl dem Großen kam das Christentum, mit der neuen Religion die Kirchen, die – wie bei Hagen – die Landschaft überragen.

In Osnabrück selbst ist traditionell ein anderer Feldherr präsenter: Karl der Große, der, als er noch König und nicht Kaiser war, 772 und 803 das heidnische Sachsenland eroberte und christianisierte. Der Franke, um dessen zähen Widersacher Widukind (oder Wittekind) sich allerlei Legenden ranken, war als Machtpolitiker unbeirrbar. In den eroberten Gebieten setzte er Grafen ein, oft fränkische, regelmäßig aber auch sächsische Adelige, die durch ihr Amt an den Kaiser als Lehnsherrn gebunden wurden. In Osnabrück, Meppen und Visbek entstanden Missionsstationen, in Bremen, Osnabrück (wohl schon 783) und Minden, später auch in Paderborn und Münster, wurden Bischöfe eingesetzt.
Wie hartnäckig Karl vorging, hat die Geschichte vom Löwenpudel zum Mythos gemacht: Das Tier soll Opfer von Karls zornigem Schwur geworden sein, dass er dem ersten der wieder einmal renitenten Osnabrücker den Kopf abschlagen werde, der ihm bei seinem nächsten Einzug in die Stadt über den Weg laufe. Zum Glück war es kein Mensch, sondern besagtes Tier – von dem zum Dank wenigstens ein Denkmal vor der Domfassade blieb.

Der Friedensreiter

Auch ihn kennen in Osnabrück seit 1998 alle: 350 Jahre zuvor, beim Abschluss des Westfälischen Friedens zu Münster und Osnabrück, soll der Friedensreiter die Nachricht vom Ende des Dreißigjährigen Kriegs überbracht und ins Land hinaus getragen haben. Er wurde deshalb Symbol der Jubiläumsfeier von 1998. Gekrönte Häupter aus halb Europa kamen dazu an die Hase, denn ihre Ahnen hatten den europäischen Flächenbrand im Jahr 1618 entfacht und 1648 endlich wieder beendet, hier an der Hase. Dabei erinnerte man zu Recht an die Bedeutung der Domstadt in jener Zeit: Osnabrück lag am Kreuzungspunkt der großen Fernhandelswege von Münster nach Bremen und von Braunschweig über Lingen in die Niederlande. Dass es den bis heute einzigen Kreuzungsbahnhof Deutschlands besitzt, mag ein spätes Relikt dieser Kreuzungslage sein.

Handel braucht Verkehr

Ebendieser Bahnhof machte jüngst erneut Schlagzeilen: Von Osnabrück aus verkehrt seit dem Winter 2000/2001 Deutschlands erste Privatbahn auf Gleisanlagen der Deutschen Bahn AG, über Oldenburg Richtung Wilhelmshaven und Emden.
Ein Indiz für Flexibilität in der wirtschaftlichen Arena? Gewiss hat Westniedersachsen über Jahrzehnte hinweg eher am Rande der Republik gelegen – nicht nur aus geografischer Sicht. Osnabrück, das im Zweiten Weltkrieg enorme Zerstörungen hinnehmen musste, galt bis in die 1970er-Jahre als schwerfällig und wenig attraktiv. Es war die Großhandelsstadt, in der Autos (Karmann) und Stahl (Klöckner) produziert wurden, der es aber an Charme mangelte. Und das Emsland nebenan sei, so die Spötter, überhaupt erst seit den 1950er-Jahren, als der aus Marshall-Plan-Geldern finanzierte ›Emsland-Plan‹ für großflächige

Georgsmarienhütte blieb trotz heftiger wirtschaftlicher Verwerfungen ein wichtiger Industriestandort der Region.

Moortrockenlegungen sorgte, aus dem Mittelalter erwacht. Doch dann wurde von Köln nach Hamburg die Hansalinie (BAB 1) via Osnabrück gebaut, gewissermaßen auf den Fundamenten der alten Fernwege, und ab den 1990er-Jahren auch die Emsland-Autobahn via Meppen nach Emden, die 2005 endgültig fertiggestellt sein soll.
Dass Verkehrswege die Basis erfolgreichen Handels sind, ist an Osnabrück und Emsland exemplarisch nachzuvollziehen. Speditionen und Bahnen gehören an der Hase zu den wichtigsten Arbeitgebern, so wie die Flussschifffahrt an der Ems (besonders in Haren) und dem neben ihr verlaufenden Kanal. Oder wie die Transrapid-Teststrecke zwischen Dörpen und Lathen an der Ems und, etwas weiter nördlich, die Mercedes-Teststrecke in Börgermoor. Und die Meyer-Werft in Papenburg: Sie jedenfalls hat, allen Debatten um den Sinn und Unsinn weiterer Emsvertiefungen zum Trotz, zur wirtschaftlichen Prosperität der Region mehr beigetragen als jedes andere Einzelunternehmen im Land.

Immer wenn ein schneeweißer Luxusliner die riesigen Hallen der Meyer-Werft verlässt, ist Volksfeststimmung auf den Emsdeichen.

Historisches Ensemble am Marktplatz: Rathaus, Alte Waage (heute Standesamt) und Marienkirche.

Alt, aber oho: die Stadt Osnabrück

An Geschichte hat sie einiges zu bieten: Gegründet wurde die Stadt an der Hase vom Frankenkönig und späteren Kaiser Karl dem Großen, der Westfälische Friede wurde 1648 hier ausgehandelt, und 1999 fand hier die erste vollgültige Wahl per Internet in der Bundesrepublik statt. Zwar ging es nur um das Studentenparlament, aber die Neugier der Jungen auf Veränderung hat Osnabrück noch nie geschadet. Vielleicht ist das auch der besondere Reiz dieser Stadt: Sie ist altehrwürdig – und gerade in letzter Zeit wieder jung und frisch geworden wie wenige im Land.

△ Lieblingskirche der Osnabrücker Brautpaare: St. Marien

△ Altstadt-Fachwerk: Haus Willmann … … und Hotel ›Walhalla‹ ▽

Die Narren sind los!
Tanz vor Osnabrücks Alter Waage

△ Historische Größen in Osnabrück: Karl der Große am Rathaus … … und drinnen der Friedenssaal ▽

Hier also wurde verhandelt? Ja, aber oft auch in den Quartieren der hohen Herren, und manche sollen sich dabei nicht einmal aus dem Bett erhoben haben. Skandalös. Aber wurde hier unterzeichnet? Nein, in Münster, am 24. Oktober. Aber der Friedenstag ist doch der 25. Ja, die Osnabrücker waren zuerst so verstimmt, dass sie auf eine gemeinsame Feier verzichteten. Erst als die Schweden sich beschwerten, befahl der Kaiser, dass der 25. als offizieller Friedenstag zu feiern sei. Das war der Tag, an dem ein Reiter die Nachricht aus Münster überbrachte, morgens nach der Messe, es war Sonntag. Wie hat man reagiert? Man hat gefeiert. Und dann die Petersburg abgerissen, die alte Residenz der katholischen Bischöfe. Alle machten mit, auch 1500 Bauern aus dem Umland. Und die Schweden, die ja Protestanten waren, schauten zu dabei.

In Osnabrücks guter Stube, dem Friedenssaal im Rathaus, ist mancher Besucher enttäuscht, dass der eigentliche Akt nicht hier stattfand, sondern in jener westfälischen Stadt, auf die man noch nie gut zu sprechen war. Späte Genugtuung also, als sich im Oktober 1998 – am 25., wohlgemerkt – die gekrönten Häupter halb Europas zuerst an der Hase versammelten, um das Jubiläum zu feiern. 350 Jahre Westfälischer Friede, mit Königin Silvia, Roman Herzog, dem päpstlichen Nuntius, um nur diese zu nennen. Und erst danach ging es im Bus weiter nach Münster.

Die Friedensstadt

Man kommt an dem epochalen Ereignis, das Osnabrück in das Licht der Weltgeschichte gerückt hat, nicht vorbei – warum auch. Denn 30 Jahre hat jener Krieg in Deutschland gedauert, der 1648 in Osnabrück und Münster beendet wurde, dreißig Jahre Krieg um die Macht in Europa und das ›richtige‹ Gebetbuch in einem Staat, der noch gar keiner war, in dem Landesfürsten sich mit Nachbarn jenseits der Grenzen verbündeten, um gegen die eigenen Landsleute zu kämpfen. Vor allem Habsburg, das seit 1438 die Kaiser des Heiligen Römischen Reiches Deutscher Nation stellte, zog dicke Fäden. Die seit Luthers Thesen

△ Glanz der Nacht auf Treppengiebeln: Osnabrücks Marktplatz

›Hört ihr Leut …‹: Am spannendsten ist die Stadterkundung mit dem Nachtwächter ▽

△ Bermuda-Dreieck der Hasestadt: Krahnstraße und Heger Straße liegen im Herzen der Altstadt

△ Bei ›Rampendahl‹ wird Bier gebraut ..., ... im ›Olle Use‹ auch schon mal derb gezecht ▽

protestantisch gewordenen Länder zum Katholizismus zurückzuführen, war das ›heilige Ziel‹ der Wiener. Einige protestantische Länder leisteten Widerstand: Der ›Prager Fenstersturz‹ vom Mai 1618 – lutherische Adelige aus Böhmen stürzten zwei kaiserliche Statthalter aus dem Fenster des Hradschin – trat die Lawine los. ›Winterkönig‹, Wallenstein, Schweden, Dänen, Spanier, Niederländer mischten mit, und am Ende lagen die deutschen Lande in Schutt und Asche. Als nach 13 Einzelkriegen und zehn – vergeblichen – Friedensschlüssen endlich der Wille da war, den Krieg politisch zu beenden, hatte niemand wirklich gewonnen.

Die Kneipen der Altstadt

›Osnabrück‹, schrieb damals – Öl ins Feuer gießend – ein gewisser Abbé Joly, ›ist nicht gerade weniger groß als Münster, aber viel weniger bevölkert, schlecht gebaut und schmutzig. Sie erstreckt sich mehr in die Länge als in die Breite.‹ Der Abt war katholisch – wie Münster und die Partei des Kaisers. Osnabrück aber, jedenfalls zu Beginn und am Ende des Krieges, lutherisch.

Und heute? Ist Osnabrück weder protestantisch noch schlecht gebaut. Das katholische Bekenntnis, in der Stadtsilhouette nicht nur durch die erdfesten (wenn auch ungleichen) Türme des Doms St. Peter verankert, ist in der Überzahl, und die restaurierte Altstadt wurde zu Recht gelobt und mit Preisen ausgezeichnet. Am Markt, im Schatten von Rathaus und der populären Hochzeitskirche St. Marien, beginnt sie.

In der Bierstraße zuerst die Fachwerkfront des Hotels ›Walhalla‹. Hier übernachtete Schwedenkönigin Silvia zum 350jährigen – wie überhaupt die Spuren der Schweden dicht sind; ein spezieller Rundgang der Stadtinformation deckt sie auf. In der Krahnstraße folgt das ›Café Läer‹, in dem der schon erwähnte Gesandte, ein Spanier, seinerzeit vom Bett aus die Friedensgespräche führte. Dann in der Marienstraße schwarz-weiße Fachwerkgiebel, grüne Holztore und gepflegte Gastlichkeit beim ›Weinkrüger‹. In der Heger Straße ein original erhaltenes Steinwerk, im 14. Jahrhundert eine kleine Privatfestung, heute ein schickes Bistro.

△ Ein Triumphbogen: Längs des Heger Tors verläuft der alte Stadtwall Osnabrücks

Die Moderne ist bunt: zeitgenössische Skulptur im Innenhof des Schlosses ▽

△ Heute Sitz der Universität: Osnabrücks Schloss

Ein Renaissance-Juwel: der Ledenhof ▽

△ Legendäres Opferlamm: der ›Löwenpudel‹ vor dem Dom

Romanischen Ursprungs: das Hauptschiff des Doms ▽

Vis-a-vis das (bodenständigere) ›Olle Use‹ (Alles unser), Treff der Heger Laischaft, die nach mittelalterlichem Brauch alle vier Jahre die ›Schnate‹ abgeht, die Grenzen der einst als öffentliche Weideplätze genutzten Viehweiden vor der Stadt. Und, nicht zu vergessen, in der Hasestraße die ›Brauerei Rampendahl‹, am Wall die Stadthalle, in der gerade türkische Kulturwochen sind ... Osnabrück langweilig? Das muss ein Münsteraner sein, der das sagt.

Nussbaum und Libeskind

Doch schon am Heger Tor fällt man abrupt wieder heraus aus der Kneipenwelt – und wird überrumpelt von einer neuen Architekturschöpfung, die niemanden kalt lassen kann. Dabei sieht man sie zunächst kaum: Das Akzisehaus davor, früher Zollstation und heute ein Museumsladen, nimmt die nach Vertrautem suchenden Blicke schneller gefangen. Doch dann kann man sich nicht mehr entziehen: Der 1998 eröffnete Erweiterungsbau des Kulturhistorischen Museums, errichtet zur Erinnerung an den 1904 in Osnabrück geborenen jüdischen Maler Felix Nussbaum, der 1944 zusammen mit seiner Frau in Auschwitz ermordet wurde, ist eine Sensation. Der Amerikaner Daniel Libeskind, maßgeblich auch am Jüdischen Museum Berlin beteiligt, hat ihn entworfen.

Nussbaum, der in Berlin und Hamburg studiert hatte, schuf Werke, die so eindringlich sind wie sie bis dahin unbekannt waren. Sein Leben war eine einzige Flucht: Vor den Nationalsozialisten, deren Gräueltaten er in seinen irritierenden Bildern anklagte, floh er nach Italien (wo man sein Atelier in Brand steckte) und weiter mit seiner Frau Felka Platek nach Belgien – ein gehetztes Tier, das gezwungen war, im Verborgenen zu leben, ein Künstler, der Angst hatte, am Terpentingeruch seiner Farben erkannt zu werden. Berühmt ist sein ›Selbstbildnis mit dem Judenpaß‹: ein Mann mit schwarzen Augenhöhlen, verborgen in Hut und Mantel, an dem der Davidstern klebt. Es entstand ein Jahr vor seinem Tod. Im Blick dieses Mannes scheint bereits das Wissen zu liegen, denunziert zu werden.

△ *Nichts ist rechtwinklig, nichts gerade an dem Bau: das Architektur-Ereignis Felix-Nussbaum-Museum außen …*

… und innen ▽

△ Gedenkstätte für Osnabrücks vielleicht bekanntesten Sohn: Erich-Maria-Remarque-Zentrum

△ Hier wird die ›Schwarze Kunst‹ noch bewahrt: Setzerei im Museum Industriekultur am Piesberg

△ Zum Staunen: alte Maschinen am Piesberg

Alte Mauern, neue Kunst: die Dominikanerkirche ▽

Und nun hängt es, zusammen mit seinen anderen Werken, in diesem grandios-beklemmenden Bau, der ein Fanal ist, nicht nur für Osnabrück. Selten ist es einem Architekten gelungen, die programmatische Aussage eines künstlerischen Lebenswerks so eloquent in Stein, Zink und Holz umzusetzen. Ineinander verkeilte Gebäudearme – aus der Luft sehen sie aus wie die Waggons eines entgleisten Zugs – weisen auf die Villa Schlikker, einst Hauptsitz der Osnabrücker NSDAP, und auf den Platz, an dem die Synagoge stand.

Dann das Innere: ein Kerkertrakt ohne jeden festen Halt. Kein Boden ist eben, keine Linie gerade, keine Ecke rechtwinklig. Neonlicht. Und Geräusche. Wie von kreischenden Waggontüren, schrill, dumpf, polternd – ein Alptraum. Man ist verstört und entsetzt. Und begreift, während man sich endlich an die Bilder traut: Genau so war das Leben des Mannes, um den es geht.

//now/future

Kein Druckfehler: Das Motto des 13. ›European Media Art Festivals‹ zu Osnabrück schreibt sich so. ›Zukunft jetzt‹ also, mit html-fähigen ›slashes‹ – Schrägstrichen –, wie sie jeder Internet-User zur Genüge kennt, denn auch sie sollen vom ›EMAF‹ angesprochen werden. Und vielleicht auch, weil es den frischen Lorbeer zu zelebrieren gilt, 1999 als erste deutsche Stadt eine rechtskräftige Wahl per Internet abgehalten zu haben – die des Studentenparlaments –, rollt Osnabrück Cyber-Astronauten, CD-ROM-Netzwerkern, DJs und VJs rote Teppiche aus.

Ein globales böhmisches Dorf? Jedenfalls kommen sie aus aller Welt, heißen Romy Achituv (New York), Katharina Gsöllpointner (Salzburg) oder Yasunoki Oya (Tokyo) und präsentieren Videocollagen, ›temporäre Medialabs‹ (Titelbeispiel: ›Die Luft über dem Toaster‹), Webdesigns und Lichtinstallationen in so altehrwürdigen Räumen wie dem Wehrturm Bürgergehorsam oder der Dominikanerkirche. Und in der Hellmann-Halle eines Speditionsunternehmers – auf seinem Gebiet ebenfalls überregional eine Größe – den ›Veejay Groove‹, der zuvor im Amsterdamer ›Melkweg‹ Premiere feierte: ein

△ Kleines Theater mit großem Renommee: Aufführung der Städtischen Bühnen Osnabrück

△ Nächtliche Illuminationen: das Gebäude der Merchandising-Firma ›Sunburst‹

△ Theater am Faden: Osnabrücks Marionettentheater Live-Rock: New Model Army im ›Hyde Park‹ ▽

△ ›Ossensamstag‹ an der Hase: Hexen verspotten die Bürger, … … Bürger die große Politik ▽

gigabyte-schwangeres Aufeinandertreffen (im Jargon ›Battle‹) von VJs (Videojockeys), DJs, Tänzern, Lichtinstallateuren, Musikern. No future? Nein: *now* future, Zukunft jetzt – in Osnabrück.

Industriefossilien am Piesberg

Sogar aus dem Harz kamen die Bergleute – Mitte des 19. Jahrhunderts wurde Osnabrück Bergbaustadt. Schon 400 Jahre zuvor hatte man am Piesberg – dort, wo sich heute Osnabrücks Müllberge türmen – Anthrazitkohle abgebaut, als Brennmaterial für Kalköfen, später auch für den Hausbrand. Eine Erfolgsstory: 1857 kam die Eisenbahn, 1869 wurde aus Tagebau Tiefbau, die Stadt, Besitzerin des Piesbergs, ließ den Haseschacht abteufen und nun auch die tiefer gelegenen Steinkohlelager ausbeuten. 1889 ging das Unternehmen an einen privaten Betreiber über, den Georgs-Marien-Bergwerks- und Hüttenverein, und wurde weiter ausgebaut. Bis die Preise für das ›schwarze Gold‹ plötzlich verfielen: 1897 lag der Piesberg still.

Und ist 100 Jahre später in Schuss wie selten zuvor – als Museum für Industriekultur: Im einstigen ›Gesellschaftshaus‹ versammelt man sich zur Gruppenführung, werden Bankette gegeben, bei denen über den Konflikt zwischen Natur und Technik räsonniert wird. 1985 wurde der Bruchsteinbau aus dem Dornröschenschlaf geweckt, zusammen mit Magazin- und Schachtgebäude, Pferdeställen, Schmiede und Direktionsgebäude. Drinnen werden Dampfmaschinen vorgeführt, wird Bütten handgeschöpft, werden bleierne Lettern in einer alten Druckerei aneinandergereiht – Industriegeschichte zum Anfassen.

Und wer mag, kann sich auch unter Tage begeben: Ein 262 Meter langes Teilstück des fast 1500 Meter langen Hasestollens wurde mit Hilfe eines gläsernen Fahrstuhls öffentlich zugänglich gemacht. ›Gummistiefel waren Pflicht, Helme und Grubenlampen auch‹, schrieb die Neue Osnabrücker Zeitung nach einer ersten Begehung. Aber auch, dass sichergestellt sei, dass niemand ausrutschen werde in der ›Schmöttke‹ – zu hochdeutsch: Matsch. Faszination Boden, so hieß das Expo-Projekt.

OSNABRÜCK
SONNEN-HÜGEL
SONNEN-HÜGEL
HAFEN
(zu Osnabrück)
WESTERBERG
GARTLAGE
WÜSTE
(zu Osnabrück)
SCHÖLERBERG
NAHNE
(zu Osnabrück)
Dodesheide
Gartlage
O - Hasetor
O.- Hasetor
Osnabrück Hbf.
Containerbahnhof
Güter- u.
Guterabfert.
Zollamt
Kabel- u. Metallwerke
Universität
Fachhochsch.
Botan. Garten
Paracelsus-Strahlenklinik
Bürgerpark
Landes-krhs.
Stadtpark
Schölerberg
Waldzoo
Zoo-eingang
Mus. f. Natur- u. Umwelt
Planetarium
Westerberg 102
Gertrudenberg 97
Ziegenbrink 95
Martinsburg
Pagenstecher-str.
Natruper Str.
Hansa-str.
Bramscher Str.
Römeresch-S.
Lotter Str.
Martini-Str.
Katharinen-Str.
K.-Schumacher-Damm
Neuer Graben
Schloß
Johannistor-W.
Iburger Str.
Hannoversche Str.
Hamburger Str.
Buersche Str.
Rotenburger Str.
Bremer Str.
Liebig-str.
Knoll-str.
Lerchen-str.
Landstr.
Hase
Nette
Dom
Markt
Theater
Rathaus
Heger-Tor-Wall
Natr.-Tor-Wall
Nonnenpfad
Erich-Maria-Remarque-Ring
Goethe-ring
Wittekind-str.
Möser-str.
Große Str.
Krahn-str.
Schiller-str.
Berliner Platz
Herrenteichs-str.
Sandbachstr.

Wo gibt es was?

Nadelnummer = Textnummer ❶ = Auskunft

Osnabrück

Die alte Bischofs-, Hanse-, Industrie- und Universitätsstadt in hügelreicher Lage (Westerberg, Piesberg, Gertrudenberg, Schölerberg) am Nordrand des Teutoburger Waldes ist mit knapp 170 000 Einw. Niedersachsens drittgrößte Stadt.
Geschichte: Gründung des Bischofssitzes wohl 783 in den Sachsenkriegen Karls des Großen (770–804) nahe dem Haseübergang, den der Kaiser mehrfach benutzt haben soll. 899 Markt-, Münz- und Zollrecht; 1171 Gerichtsrecht durch Kaiser Friedrich Barbarossa. Im 12. Jh. Bau einer festen Stadtmauer und Entstehung der Neustadt im Umkreis des dem Täufer (deshalb Stadtteil ›Wüste‹) geweihten Johannesklosters. 1217 Einführung eines Stadtsiegels. 1310 Vereinigung von Altstadt und Neustadt. Aufschwung des Leineweber-Gewerbes (1404 Gründung der Leinen-Börse ›Legge‹). Im Dreißigjährigen Krieg massive Hexenverfolgungen, 1633 Besetzung durch die Schweden und Aushandlung des Westfälischen Friedens (Unterzeichnung am 25. Okt. 1648). 1802 Rücktritt des letzten Fürstbischofs (Ende des Fürstbistums) und Aufhebung der Klöster.
1830 Beginn der Kohleförderung am Piesberg, 1868 Gründung der Stahlwerke (später Klöckner). 1912 Bau des Stichkanals zum Mittellandkanal. Im Zweiten Weltkrieg Zerstörung der Stadt zu 69 % in 78 Luftangriffen. 1953 Gründung der Pädagogischen Hochschule, 1973 der Universität.

Altstadt und Dom ①–⑦

Im Herzen der Altstadt liegt der dreieckige, von gotischen Staffelgiebeln gesäumte **Markt** ① mit **Rathaus** (1487–1512) mit großer Freitreppe und neun Kaiserfiguren (u. a. Friedrich Barbarossa, Friedrich II., Rudolf von Habsburg, Maximilian, Ludwig der Bayer und in der Mitte Karl der Große) sowie dem historischen Friedenssaal im Innern (mo–fr 8–18, sa 9–16, so 10 bis 16 Uhr, Führung so 10.30 Uhr; in der Schatzkammer den goldenen Kaiserpokal nicht verpassen!). Daneben steht die spätgot. Stadtwaage (1532; heute Standesamt), gegenüber die urspr. als Wehrkirche angelegte Hallenkirche **St. Marien** (10. bis 13. Jh. und später), deren populärstes Baudetail der Brauteingang an der Südseite sein dürfte. Aufstieg zum Turm über 191 Stufen (tgl. 11.30–13 Uhr; herrliche Aussicht über die Stadt).
Am Eingang zur verkehrsberuhigten Altstadt steht das **Hotel ›Walhalla‹** ② (Fachwerk, 1690; Bierstr. 24), weitere schöne Häuser in Heger Straße (›Olle Use‹, ›Steinwerk‹), Marienstraße (›Weinkrüger‹), Krahnstraße und Großer Gildewart (Galerie ›Drei Kronen‹). An Großer Gildewart und Bocksmauer mehrere der für Osnabrück typischen Steinwerke (z. B. das heutige Haus der Jugend, urspr. 17. Jh.) und der **Bucksturm** ③, Kerker (urspr. 13. Jh.) der Hexenverfolgungszeit (sa 13–17, so 11–17, Führung so 10.30 Uhr). Das mittelalt. **Heger Tor** ④ wurde 1815 abgebrochen und 1817 durch ein Ehrenmal für Osnabrücker Waterloo-Kämpfer ersetzt. An der Hase die 1635 von Schweden erbaute Bastion **Vitischanze** ⑤ (heute Restaurant), **Pernickelturm** (13. Jh.) und Pernickelmühle.
Fast ganz aus Osningsandstein wurde der spätroman. **Dom St. Peter** ⑥ erbaut, dessen asymmetrische Westfront (roman. Nordturm; wuchtiger spätgot. Südturm) verwirrt. Am Platz davor das Stadtwahrzeichen Löwenpudel – Karl der Große soll den Hund seiner Schwester bei seinem Einzug getötet haben, weil er geschworen hatte, das erste Lebewesen, das ihm begegne, zu erschlagen – und das Denkmal für Justus Möser (1720–1794), einen einflussreichen Bürgermeister. Eine erste Bischofskirche wurde 785 geweiht und nach Zerstörungen (890, 1100) mehrfach wieder aufgebaut. Seine heutige Form erhielt der Dom überwiegend im 12./13. Jh. (Chor, Langhaus, Vierung); im 15. Jh. wurden Marien- und Kreuzkapelle angefügt, im 16. Jh. Südturm und neue Westfront. Vom romanischen Bild ging viel bei (später rückgängig gemachten) Barockisierungen verloren. Schöne Ausstattungsstücke sind eine Strahlenmadonna des ›Meisters von Osnabrück‹, Kreuzigungsaltar (›Snetlage-Altar‹) und Barockkanzel. Der stimmungsvolle Kreuzgang (mit zwei karolingischen Säulen) weicht von der Domachse ab; dort Schatzkammer-Zugang, u. a. mit Kreuzesreliquien (di–fr 10–13, 15–17, sa/so 11–14 Uhr).
Südl. des Doms das schöne **Stadttheater** (1907/09, Friedrich Lehmann), nördl. die **Kleine Kirche**, Teil des von Jesuiten gegr. Gymnasiums Paulinum, das die Tradition des Carolinums fortführte, sowie Priesterseminar und **Bischofspalais** (1814), westl. die ehem. **Fürstbischöfliche Kanzlei** ⑦ (1782/85).

Neustadt und Schloss ⑧–⑩

Das **Schloss** ⑧, 1668 von Fürstbischof Ernst August I. begonnen, ist das größte Barockschloss Niedersachsens. Heute ist hier ein Teil der Universität zu Hause; der Schlossgarten lädt zur Entspannung ein. Gegenüber der charmante **Ledenhof** mit auffälligem Diagonalmuster, Wehrturm (14. Jh.) und Kleeblattgiebel aus der Renaissance (um 1500). Der hochherrschaftliche Bau gehörte einst der Kaufmannsfamilie Leden und ist Sitz der Musikbibliothek (di–fr 13–18 Uhr) und des Literaturbüros Westniedersachsen. **St. Katharinen** ⑨ (1320–1500) hat den höchsten Turm Westniedersachsens (103,5 m), **St. Johannis** ⑩, 1292 aus einem 1011 gegr. Kollegiatsstift hervorgegangen, den Ruhm, Keimzelle der Osnabrücker Neustadt zu sein.

Museen und Gärten ⑪–⑮

Das **Remarque-Zentrum** ① in der Löwenapotheke am Markt 6 (di–fr 10–13, 15–17, sa 10–13 Uhr, 1. So im Monat 11–17 Uhr) informiert über Leben und Werk des berühmten Osnabrücker Schriftstellers (1898 bis 1970; ›Im Westen nichts Neues‹, 1929).
Die **Kunsthalle Dominikanerkirche** ⑪ (Rissmüllerplatz, di–so 11–18, do bis 20 Uhr) bietet Ausstellungen zu (meist moderner) Kunst, Geschichte und Archäologie. Ein zeitgenössischer Bau von Rang ist das 1998 eröffnete **Kulturgeschichtliche Museum Felix Nussbaum** ⑫ (Lotter Str. 2, di–so 11–18, fr bis 20 Uhr, Führungen sa/so 12, 14, 16 Uhr) – wegen provozierender Bauformen des Architekten Daniel Libeskind mindestens so sehr wie wegen der beklemmenden Bilder des jüdischen Exilmalers aus Osnabrück.
In die Geschichte u. a. des lokalen Kohlebergbaus führt das **Museum Industriekultur** ⑬ am Piesberg ein (Fürstenauer Weg 176, sa/so 10–18 Uhr, Führung sa 14.30 Uhr). Zu sehen sind u. a. ein Gesellschaftshaus der Osnabrücker Kumpel, ein altes Magazin, Maschinenhaus und ein wieder begehbar gemachter Schacht.
Kinder lieben den **Zoologischen Garten** ⑭ (›Waldzoo‹) am Schölerberg (Fütterung der Seelöwen tgl. außer fr 11 und 16 Uhr) und das **Museum Natur und Umwelt** nebenan (mit Museumsgarten und Planetarium; di 10–20, mi–so 10–18 Uhr). Entspannung bietet der **Botanische Garten** ⑮ der Universität mit neuem Regenwaldhaus (Albrechtstr. 29; mo 10–12, 13.30 bis 15.30, di, do bis 18, sa 15–18, so 11 bis 18 Uhr; Okt.–März kürzer, sa geschl.).

Praktische Tipps

Einkaufen rund um die Fußgängerzone Große Straße; in der Altstadt gute Antiquariate und Kunsthandlungen.
Kultur: Stadttheater (Domhof 10–11, Kasse Tel. 3233314); Figurentheater Alte Fuhrhalterei (Kl. Gildewart 9, Tel. 27257); Konzerte u. ä. Lagerhalle (Rolandsmauer 26, Tel. 338740) und Stadthalle (Tel. 34900).
Veranstaltungen: Karnevalsumzug am ›Ossensamstag‹ vor Rosenmontag, ›Maiwoche‹ mit großem Musik- und Festprogramm; Töpfermarkt und European Media Art Festival im Mai, KlangArt-Festival (elektronische Musik) im Juni, Winzerfest im Juli, Bergfest am Piesberg Anf. Sept., ›Tage alter Musik‹ im Sept.; ›Steckenpferdreiten‹ Ende Okt. zur Erinnerung an den Friedensschluss 1648, Weihnachtsmarkt.
Aktivitäten: Stadtführungen (z. B. mit dem Nachtwächter durch die Altstadt oder auf den Spuren der Hexenverfolgung); Radtouren; Postkutschenfahrten.
❶ Tourist-Information, Krahnstr. 58, 49074 Osnabrück, Tel. 0541/3232202, Fax 323270, www.osnabrueck.de

Grün und weiß sind die natürlichen Farben Hagens: weiß, wenn die Kirschbäume blühen – grün den ganzen langen Rest des Sommers.

Stahl und Sole im Bäderdreieck

Am Teutoburger Wald ist das Osnabrücker Land am dichtesten besiedelt. Im Südwestzipfel Niedersachsens, auf Tuchfühlung mit Westfalen, liegen hier alte Bergbauorte, voran Georgsmarienhütte, die schwere Zeiten zu durchleben hatten, und noble Bäder wie Iburg und Rothenfelde, die mehr oder weniger schwer Kranken Zerstreuungs- und Heilangebote liefern. Und Melle, Hauptort des grünen Grönegaus, ist eine Stadt, die für sich allein fast so vielfältig ist wie der ganze Landstrich selbst.

△ Am Wochenende Konzertsaal: Blick in den barocken Rittersaal des Bad Iburger Schlosses

△ Über 700 Chronometer: Uhrenmuseum Bad Iburg

△ Wahrzeichen: der Bennoturm der Iburg

So betteten sich also Industrielle: Museum Villa Stahmer in Georgsmarienhütte ▽

△ Idyll: Fachwerk im Hof der Wasserburg Scheventorf

Spinnen und Weben: Zeitreise in der Villa Stahmer in Georgsmarienhütte ▽

Kein Fachwerkgiebel ziert den Prospekt dieser Stadt, sondern ein ›Kreiselskulptur‹ genanntes Kunstwerk: drei Säulen aus Baustahl auf einer grün zugewucherten Verkehrsinsel, verbunden durch blankpolierte Stangen aus Edelstahl. Denn Georgsmarienhütte ist Industriestandort – und bekennt sich dazu. Die Skulptur, sagt die Stadtverwaltung, sei ein ›Sinnbild für die Einheit von Vergangenheit, Gegenwart und Zukunft in Georgsmarienhütte‹. Warum?

Wohlstand durch Schrott

Georgsmarienhütte, der Name sagt es, lebt vom Stahl. 1860 wurde hier das Stahlwerk gegründet, mit namengebendem Placet des hannoverschen Königs Georg V. und seiner Gemahlin Maria. Lange konnte sich das Paar im Ruhm ›seiner‹ Hütte sonnen: Die Stahlkocher von ›Gmhütte‹, wie jeder hier den Ortsnamen abkürzt, waren bis in die Mitte des 20. Jahrhunderts reiche Leute.

Allerdings hatte die Sache auch ihren Haken: Die Wirtschaft des Osnabrücker Südens war durch das Werk unauffällig zur Monokultur geworden. Als 1966/67 eine schwere Flaute die Branche erfasste – die Hütte gehörte damals zum Duisburger Klöckner-Konzern – gingen 5000 Arbeitsplätze verloren. Durch Flächenfreigaben in der darauf neu geschaffenen ›Stadt Georgsmarienhütte‹, zu der sich in der Krise sechs Einzelgemeinden freiwillig zusammenschlossen, konnte zwar klein- und mittelständisches Gewerbe neu angesiedelt werden, doch Klöckner blieb der – weiter krisenanfällige – Hauptarbeitgeber.

Anfang der 1990er-Jahre folgte dann auch prompt die nächste Flaute: Klöckner meldete für ›Gmhütte‹ Konkurs an. Das örtliche Management zeigte sich als Retter, kaufte das Werk auf und brillierte mit einer einfachen Idee: In der ›Georgsmarienhütte GmbH‹, wie sie seither heißt, wird kein Stahl mehr gekocht, sondern nur noch Schrott verschmolzen, im 1994 in Betrieb genommenen, ersten Gleichstrom-Elektrolichtbogenofen Deutschlands.

Erfolg also mit Schrott. ›Gmhütte‹ expandiert jedenfalls wieder, und auf den nicht mehr benötigten Stahlwerks-

△ Für Radtouren die schönste Zeit: Raps- und Kastanienblüte bei Glane

Haupthaus und Torturm der Ledenburg westlich Melle ▽

△ Milchvieh gehört dazu: bäuerliches Land zwischen Wiehengebirge und Teutoburger Wald

Im Stil der Weserrenaissance: Gut Ostenwalde bei Melle ▽

△ Von Wassergräben umgeben: Schloss Gesmold bei Melle

Der ganze Stolz derer von Gesmold: der Schlosspark ▽

flächen ›Erzlager‹ und ›Oeseder Fried‹ entstand Platz für neue Betriebe. Und – nicht zu vergessen – die Luft ist sauberer geworden. Wie über der Ruhr, an der Klöckner ja bekanntermaßen auch längst eher kleine Brötchen backt.

Bischof Bennos Burg

Der Katzensprung, der von der Hüttenstadt über den Dörenberg führt, ist eine Zeitreise im Wortsinn: Im Uhrenmuseum des malerisch in die Hügel drapierten Kneippkurorts Bad Iburg ticken gut 700 Chronometer, von der zimmerhohen Kirchturmuhr bis zur modischen Swatch, von der Flugzeug- bis zur Knopflochuhr, von der sprechenden über die Blinden- zur Freischwinger-Uhr ... das Kuriosum ist einen Abstecher wert.

Doch dann geht es hinauf zur Burg und in deren prachtvollen Rittersaal – sofern die Landespolizeischüler, die hier offenbar in erster Linie im Fernhalten fremder Menschen trainiert werden, Einlass gewähren. Doch angenommen, es ist Samstag oder Freitag und Schlossführungszeit: Bischof Benno II. residierte hier von 1068 bis 1088, ließ Kirche und Kloster bauen – und nur den achteckigen ›Bennoturm‹ nicht, der erst 1508 fertig und schon bald darauf zum Kerker wurde. Hier hielt man die Anhänger der Münsteraner Wiedertäufer gefangen, deren anarchistischer Theologie man an der Hase genauso wenig über den Weg traute wie am Ende auch in Westfalen.

Zu dieser Zeit, der Ära der Glaubenskriege, leistete der stramm gegenreformatorische Bischof Franz Wilhelm Graf von Wartenberg sich das Glanzstück des Iburger Schlosses, wie wir es heute erleben. Er ließ den alten Rittersaal wieder aufbauen, holte dafür den Italiener Vitorio Andreas Aloisius Romanus an seinen Hof, um die Decke mit Bildern zu bemalen, die so duftig sind wie sein Name klingt. Wer das Glück hat, unter dem Bild des Göttervaters Zeus in diesem Saal einem Kammerkonzert zu lauschen – samstagabends, wenn die Polizeischüler zu Ende trainiert haben –, wird zugeben, dass die Bischöfe sich hier wohlgefühlt haben müssen. Von der Höhe herab erscheint Osnabrück, die um die 200

△ Alte Künste: Töpfern … … bei Niehenke in Hagen … ▽ … und Tauherstellung in einer der beiden letzten noch arbeitenden Seilereien in Glandorf ▽

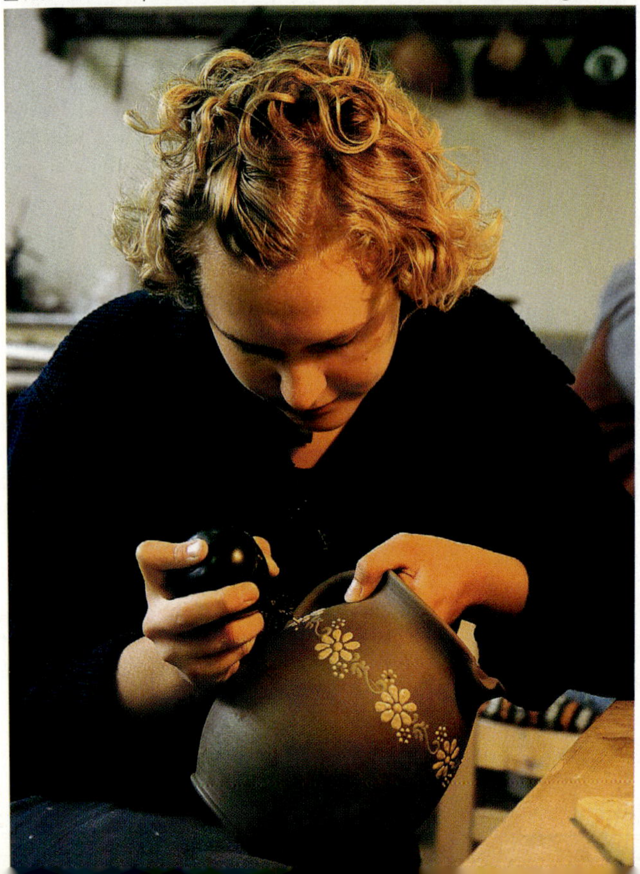

△ So entsteht ein robuster Stuhl: Korbmacher Thiesmeyer aus Bad Laer bei der Arbeit

△ In der Natur lernen: Noller Schlucht bei Dissen

Über die Natur staunen: Hase-Else-Bifurkation bei Gesmold ▽

Meter tiefer liegende Domstadt, so fern wie für Zeus das sündige Erdenvolk.

Seiler und Töpfer

Glandorf liegt schon fast in Westfalen, mit dem es eines verbindet: Hier und in Füchtorf – jenseits der Landesgrenze – wird Nordwestdeutschlands bester Spargel gestochen. Sagen jedenfalls die Glandorfer – leider ebenso wie die Füchtorfer. Unvergleichliches aber bietet Glandorfs Geschichte: Im 18. Jahrhundert, als die Hannoveraner Könige auf Englands Thron saßen, hatte das unscheinbare Dorf Reeperbahnen, auf denen Taue und Tampen hergestellt wurden, damit die britische Flotte weltweit Flagge zeigen konnte. Zwei Familienbetriebe verstehen sich noch heute auf diese Kunst.
Ebenfalls fast ausgestorben ist eine Kunst im nahen Hagen: die des Töpferns mit Ton. Zwar fertigt die Firma Niehemke noch immer Tabakstöpfe, Schüsseln, Rührtöpfe und Tonpfeifen (›Hagener Nachtigallen‹), doch muss sich ins Museum begeben, wer die glorreichere Vergangenheit dieses Handwerks studieren will. Mit Hilfe archäologischer Funde: Ende der 1980er-Jahre fand man in Hagen die Abwurfstellen von drei Töpfereien, die hier von etwa 1500 bis 1900 ihren Bruch deponiert hatten. Gut 200 000 Keramikfragmente hat man gezählt und teils wieder zusammengeklebt. Das Ergebnis: eine imposante Sammlung irdener Ess- und Trinkgefäße, tief oder flach, gehenkelt oder ungehenkelt, an denen man unter anderem eine Verfeinerung der Tischsitten ablesen kann: Nachdem man vor 300, 400 Jahren noch alle Speisen aus ein und derselben Schüssel zu sich genommen hatte, gab es später für den gehobenen Bedarf auch Kasserollen, Teller, Terrinen, mit Wellenmuster und feinen Linien bemalt, manchmal sogar mit Inschriften und Jahreszahlen.

Auf die Räder, durch die Bäder

So lautet der klinge(l)nde Titel einer Radwanderbroschüre, die zur Erkundung einer Südosnabrücker Besonderheit mittels Pedalkraft einlädt: Das sanfthügelige Land, in dem die Hase entspringt – ein Tipp für Wanderer ist die Noller Schlucht

△ Symbole für Bad Rothenfelde: Kurmittelhaus …

Die Diedrichsburg in den Meller Bergen ▽

… und Gradierwerk ▽

△ Jazz im Alten Bahnhof von Bad Rothenfelde

Saubande bei der Diedrichsburg ▽

△ Meller Veranstaltungs-Highlights: ›Pipi Langstrumpf‹ auf der Waldbühne ... ... und das sommerliche Drachenfestival ▽

bei Dissen! – ist Bäderland. Bad Laer, Bad Iburg, Bad Rothenfelde, etwas nördlich noch Bad Essen, außerdem Luftkurorte wie Hagen, Schledehausen, Melle ... Ungesund ist sie nicht, die Luft am Teuto.

Doch welches der genannten ist das schickste Bad, welches am besten geeignet für die Vertreibung von Lungen- und die Aneignung eines Kurschattens? Bad Rothenfelde, proper, wohlriechend, wohlaufgeräumt und mit mehr Kliniken (und Konditoreien) als Parkplätzen gesegnet, darf sicher Ansprüche anmelden. Schon 1908 stand das noch immer vornehme Kurmittelhaus, in dem man sich nach Herzenslust Muskeln und Seele verwöhnen lassen darf. Aber in 32 Grad warmer Sole schwimmen kann man auch in Melle oder Bad Essen. Oder in Bad Laer unter dem fast tausendjährigen ›Griesen Toarn‹, einem der ältesten romanischen Wehrtürme im deutschen Norden. Piepsteine nennt man das Material, aus dem der Turm gebaut wurde: Versteinerte Gräser und Schilfe, im Innern des Steins wie Orgelpfeifen aufgerichtet, gaben den Namen.

532 Meter Reisig

Und doch kann in einem Punkt keines der Bäder mit Rothenfelde mithalten, der ›Konkurrenz zur Nordsee im Binnenland‹: Nur hier schützen riesige Gradierwerke die Trink- und Schnupperkurenden und machen dieses Bad erst zum wirklichen Treffpunkt der Heilbedürftigen. Denn, so der Chefarzt der Rothenfelder ›Teutoburger-Wald-Klinik‹: ›Herzkranke sind besonders wetterempfindlich. (...) Mit Recht gefürchtete beschwerliche Hitzebelastungen verlieren ihren Schrecken, wenn duftende Kühle den Patienten umflutet.‹

120 Meter lang ist das ältere Gradierwerk von 1774, 412 das zweite, 1824 aufgeschichtete, zehn Meter hoch sind beide. An ihren Wänden aus Schwarzdorn, wissenschaftlich ›prunus spinosa‹ – insgesamt 11000 Quadratmeter Verdunstungsfläche – rinnt beständig Quellsole herab, verdunstet und reichert die Atemluft wie ein gigantischer Freiluftinhalator mit wohltuenden Salzkristallen an – eine prickelnde Meeresbrise am Mittelgebirgsrand.

△ Zahn in Zahn: Windmühle Westhoyel-Riemsloh bei Melle

Die Museums-Eisenbahn fährt von Bad Laer nach Versmold … ▽

… und will gut geölt sein ▽

△ Mit typisch schwarz-weißem Fachwerk: eines der perfekt erhaltenen Gebäude im Meller Grönegaupark

△ Moderne Erntetechnik bei Hilter …

… und die 1950er- und 1960er-Jahre im Automuseum Melle ▽

Dabei waren die Gradierwerke ursprünglich schlicht zur Salzgewinnung entstanden. Ernst August II. von Osnabrück, Bruder des englischen Königs Georg II., gebührt das Verdienst, diesen Wirtschaftszweig gegründet zu haben. Er ließ auf ›Palsterkampschem Grunde‹ nach der Solequelle graben, die bis heute die Reisigtürme netzt. An der Alten Quelle im Kurpark steht es unter dem Wappen des Fürsten: ›Durch Gottes Gnade ist dieser Salzbrunnen erfunden 1724 den 22. September‹. Der Salzgewinnung dienten die langen Reisigwälle bis 1969 – dann kam die Kurbadidee, jene von der ›Nordseebrise im Binnenland‹. Denn die tut der Haut gut und den Atemwegen, sogar dem Bewegungsapparat. Bei Pit-pat und Minigolf, Gymnastik unter Aufsicht oder Tischtennis (ohne Aufsicht) kann man überprüfen, wie sehr. Und in der Konditorei oder beim Kurkonzert natürlich auch.

Fuhrpark und Landleben einst

Den Jaguar E-Type mit endlos wirkender Motorhaube oder den beinharten kirschroten 1972er ›Seven‹ von Lotus – die hat man irgendwo schon einmal gesehen. Aber den ›Röhr Typ F‹ von 1933? Oder den silberfarbenen Messerschmitt ›Tiger‹ von 1958, der älteren Semestern vor Erinnerung die Augen feucht werden lässt? Und erst den Schacht ›Highwheeler‹, 1909 in den USA gebaut – ohne Fahrerkabine, sondern mit offenem Sitz, und auf Rädern, die noch an die gute alte Postkutschenzeit erinnern? In Melle kann man sie alle bestaunen, in einer alten Möbelfabrik, denkmalgeschützt wie die Gefährte selbst.
Und wie die herrlichen schwarzweißen Fachwerkhäuser im gepflegten Grönegau-Museum, das dem verantwortlichen Heimatverein wirklich Ehre macht. Im Kornspeicher von 1771 und im Kotten von 1655 jedenfalls wird ländliche Vergangenheit überaus sympathisch präsentiert. Freiwillige Helfer erläutern das Flachsbrechen und das Holzschuhmachen oder den Unterschied zwischen evangelischen und katholischen Hochzeitshauben und Kommunionstüchern. Und wie man Geld ›auf die hohe Kante‹ legt? Im Kornspeicher kann man es lernen.

BRAMSCHE
Wallenhorst
Westerkappeln
Lotte
OSNABRÜCK
Belm
Ostercappeln
Bohmte
Bad Essen
PREUSSISCH OLDENDORF
Bissendorf
Melle
Hasbergen
GEORGSMARIENHÜTTE
Hagen am Teutoburger Wald
BAD IBURG
Lienen
Hilter am Teutoburger Wald
Bad Laer
Bad Rothenfelde
DISSEN am Teutoburger Wald
BORGHOLZHAUSEN
Glandorf
VERSMOLD
HALLE (Westfalen)
WERTHER (Westfalen)
Steinhagen
SASSENBERG
WARENDORF
HARSEWINKEL
Lemförde
Stemwede
Teutoburger Wald
Wiehengebirge
Vörden
Großes Moor

Wo gibt es was?

Fähnchennummer = Textnummer ℹ = Auskunft

Georgsmarienhütte ①

Die ›junge Stadt im Grünen‹ (33 000 Einw.) entstand 1860 nach Gründung einer Eisenhütte, die Inbegriff für Stahl wurde.
Sehenswert ist das Museum in der Villa Stahmer (1900; di 9–12, 15–18, so 10–13, 15–18 Uhr) mit Ausstellungen zur Wohnkultur der Industriellenfamilie, der Klöckner-Schienenproduktion sowie einer Sammlung selbst spielender Musikinstrumente.
Umgebung: In *Kloster Oesede* (3 km östl.) ein Benediktinerinnenkloster (mit roman. Klosterkirche, urspr. 12. Jh.), nahebei die Waldbühne für Kindertheater. Vom Silberrausch im 19. Jh. zeugen in *Hasbergen* (4 km nordw.) Silbersee und -berg, vom (erfolgreicheren) Erzabbau der Hüggel (mit geologischem Lehrpfad).
Veranstaltungen: ›Oeseder Gartenparty‹ im Mai; ›Tage alter Musik‹ im Sept. im Forum Artium/Kasinopark; Weihnachtsmarkt.
Aktivitäten: Wandern, Radfahren, Reiten; Panoramabad mit 86-m-Rutsche, Freibäder in Georgsmarienhütte und Hasbergen.
ℹ Stadtverwaltung, Oeseder Str. 85, 49124 Georgsmarienhütte, Tel. 05401/850-0, Fax 850-444; www.gm-huette.de

Hagen ②

Luftkurort (14 200 Einw.) am Teutoburger Wald, besonders attraktiv zur Kirschblüte (Mai; OT Holperdorp und Gellenbeck). Alte Tradition haben Hagens Seiler und Töpfer.
Sehenswert das Töpfereimuseum im Alten Pfarrhaus (Tel. 05401/97744); die Töpferei Niehenke in *Hasbergen* fertigt noch im lokalen Stil.
Aktivitäten: Wandern (Forellental), Reiten.
Veranstaltungen: Europameisterschaft der Ponyreiter und CDSIOP im Juli; Mühlenfest im Aug.; ›Tage alter Musik‹ im Sept.
ℹ Gemeinde, Schulstr. 7, 49170 Hagen, Tel. 05401/977-44, Fax 977-60.

Bad Iburg ③

Kneippheilbad seit 1953 und moderner Kur- und Erholungsort (11 500 Einw.). Am Fuß des Schlossbergs liegt der Charlottensee, vor der Stadt der Dörenberg, mit 331 m höchste Erhebung im Osnabrücker Land (Aussicht vom Hermannsturm).
Geschichte: 753 erste Erwähnung, 772 Eroberung durch Karl den Großen. Bischof Benno II. (1068–88) von Osnabrück, Vermittler im Investiturstreit zwischen Kaiser Heinrich IV. und Papst Gregor VII. (1077, Canossa), ließ auf den Trümmern der alten Karlsburg Stiftsburg und Benediktinerkloster errichten.
Sehenswert: Über der Stadt das mächtige Schloss (1076), bis 1673 Sitz der Fürstbischöfe; der achteckige Bergfried (Bennoturm) kam im 16. Jh. hinzu, ein Lustgarten mit dem ›Alten Forsthaus Freudenthal‹ im 17. Jh. Heute beherbergt das Schloss Amtsgericht, Landespolizeischule und ein Münzmuseum (Mai–Okt. fr–so 14–18 Uhr); bei Führungen (Mai–Okt. fr/sa 15 Uhr) werden Rittersaal (auch mo–do 14–16 Uhr), kath. Klosterkirche, ev. Schlosskirche, die Klosterlehrsäle mit ›Schlaunschem Treppenhaus‹ und der Bennoturm gezeigt. Der Gografenhof (um 1790) ist heute Rathaus. Das (private) Uhrenmuseum hat über 700 Exponate, darunter die größte Taschenuhr der Welt (tgl. 10–18 Uhr).
Umgebung: Südl. der Stadt (B 51) die Wasserburg *Scheventorf* (Haupthaus 1552; privat), deren Taubenhaus zu den ältesten Fachwerkbauten Niedersachsens gehört. In *Glane* (3 km südl.) die Jakobuskirche (11. Jh., Neubau nach Brand 1876/78).
Veranstaltungen: Schlosskonzerte; Bennofest im Mai; Seefest und ›Tage alter Musik‹ im Sept.
Aktivitäten: Rudern, Eislaufen, Angeln, Wandern, Radfahren; Planwagenfahrten; 11 km Kneipp-Wanderweg, Hallenbad, Freibad, Planwagenfahrten, Märchenwald.
ℹ Amt für Stadtmarketing, Schlossstr. 20, 49186 Bad Iburg, Tel. 05403/401612, Fax 6025; www.bad-iburg.de

Glandorf ④

Der Ort (6650 Einw.) ist bekannt für hervorragenden Spargel. Im 19. Jh. war Glandorf Seilerzentrum; zwei Familienbetriebe betreiben noch dieses Handwerk.
Sehenswert ist die Mühle, ein Galerieholländer (1830), Wahrzeichen des Ortes.
ℹ Gemeinde, Kattenvenner Str. 1, 49219 Glandorf, Tel. 05426/9499-0, Fax 3887.

Bad Laer ⑤

Das alte Kirchdorf (8550 Einw.) und Soleheilbad (seit 1836) liegt idyllisch am Fuß des ›Blumenbergs‹ (208 m), an dem Orchideen, Enzian und Akelei gedeihen. Der Glockensee im Kurpark ist einer der wenigen Soleseen in Deutschland.
Sehenswertes: Im Ortskern schönes Fachwerk, Leineweberdenkmal und ein Schandpfahl. Ortswahrzeichen ist der um 1000 erbaute ›Griese Toarn‹ der kath. Kirche.
Aktivitäten: Kuranwendungen/Sole-Therapie, Frei- und Hallenbad; Radfahren, Wandern, Angeln, Reiten; Dampfeisenbahnfahrten (›Teuto Express‹, ca. zweimal im Monat) nach Ibbenbüren oder Gütersloh.
Veranstaltungen: Histor. Markt (Juni, unger. Jahre), Steam & Truck-Festival (Aug., ger. Jahre), Fest der 1000 Fackeln (Aug.).
ℹ Bad Laer Touristik GmbH, Glandorfer Str. 5, 49196 Bad Laer, Tel. 05424/2911-0, Fax 2911-89, www.bad-laer.de

Bad Rothenfelde ⑥

Die große Gemeinde (6450 Einw.) hat sich dem Kurbetrieb verschrieben. Im späten 18. Jh. erkannte man die Heilwirkung der Sole, und Bad Rothenfelde wurde Kurort.
Sehenswert das Kurmittelhaus von 1908 und die Gradierwerke (Führungen mi, sa, so 15–17 Uhr), deren erstes 1774 erbaut wurde. 1824 folgte das zweite, mit 412 m das längste in Westeuropa. Im Dr.-Bauer-Heimatmuseum (di, do 16–18 Uhr) wird das Salzsieden demonstriert.
Umgebung: In *Dissen* (3 km östl.) wurde 1882 die Margarine erfunden. Seitdem stellen verschiedene Unternehmen Feinkost, Gewürze, Fleisch und Wurstwaren her. Schöne Landschaft um *Hilter* (5 km nördl.) in der ›Borgloher Schweiz‹.
Veranstaltungen: Park- und Lichterfeste, Salzmarkt im Juni; Jazzkonzerte im alten Bahnhof Dissen, ADAC-Bergrennen von Hilter (2 km nördl.) nach *Borgloh* im Aug.
Aktivitäten: Kuranwendungen; Sole-Wellenbad; Gradierwerksführungen; Angeln, Reiten, Wandern, Radfahren, Kutschfahrten.
ℹ Kur- und Touristik GmbH, Salinenstr. 2, 49214 Bad Rothenfelde, Tel. 05424/63268, Fax 69351, www.bad-rothenfelde.de

Melle ⑦

Größte Stadt (44 600 Einw.) im Umland Osnabrücks.
Sehenswert das Freilichtmuseum Grönegaupark mit Heimatmuseum (April–Okt. di–so 15–17 Uhr), das Fachwerkhaus Alte Posthalterei (1644) in der Haferstaße (Galerie di–so 15–18 Uhr), das Rathaus (Anf. 20. Jh.) und das Automuseum in einer ehem. Möbelfabrik (Sommer sa/so 10–18, Winter sa 14–18, so 10–18 Uhr). Außerdem zwei Sternwarten und ein 8,5 km langer Planetenweg, der die Sonne und ihre Planeten und die Abstände ihrer Bahnen im Maßstab 1:1 Mrd. zeigt. Im Wildpark Diedrichsburg gibt es Wildschweine sowie Dam- und Muffelwild (mo–fr 12–19, sa/so 10 bis 19 Uhr), auf der Waldbühne Märchen und Kindermusicals (Sommer sa/so).
Umgebung: Wasserburg Sondermühlen (urspr. 15. Jh.) und Gut Bruche (18. Jh.) in Melle, Schloss Königsbrück im OT *Neuenkirchen* (17. Jh.) und Gut Ostenwalde im OT *Oldendorf* (17./18. Jh.) sind Zeugen einer bis in den Grönegau reichenden (vereinfachten) Weserrenaissance (alle Privatbesitz). Von außen zu besichtigen ist das Schloss im OT *Gesmold* (westl., neben der Autobahn), das um 1200 als Steinwerk entstand und in der Renaissance zum Herrensitz mit Parkanlagen ausgebaut wurde. Südl. die Bifurkation (Teilung eines Flusses in zwei gleichwertige Flüsse) in Hase und Else; außerdem Wind- und Wassermühlen (u. a. OT *Westhoyel* und *Tittingdorf*).
Aktivitäten: Märchenwald; Wellenfreibad; Wandern, Radwandern, Reiten;
Veranstaltungen: Drachenfest im Aug.; ›Tage alter Musik‹ im Sept.
ℹ Fremdenverkehrsamt, Markt 22, 49324 Melle, Tel. 05422/965312, Fax 965320.

Teichrosen und Sandstein: Zu den eindrucksvollsten Bauten des Adels in Westniedersachsen gehört die Schelenburg bei Schledehausen.

Burgenland: von Bad Essen zum Dümmer See

Östlich Osnabrücks, von Wallenhorst bis hinüber nach Bad Essen, prägt das Wiehengebirge, der nördlichste Höhenzug der deutschen Mittelgebirge, das Landschaftsbild. Schwarz-weißes Fachwerk und sandsteinerne Burgen, oft von Gräben umgeben, stehen hier in erstaunlicher Zahl. Bad Essen versieht die Gesundheitsdienste, und nach Norden erreicht man über die ersten Moore der norddeutschen Senke das Wassersportzentrum Dümmer See und die lichten Geestwälder der Dammer Berge.

△ Fürstliches Bad Essen: Wasserschloss Ippenburg ist im Sommer Veranstaltungsort des Festivals ›Garten und Pflanze‹

△ Glashausakrobatik: Bonsais auf Ippenburg

△ ›Paradies‹ für Besucher im Garten von Schloss Ippenburg

Einer von vielen in der Region: Biohof in der Bauerschaft Astrup ▽

△ Einzigartig: Taubenturm auf Schloss Hünnefeld am Bad Essener Schlösserweg

Blühende Sonnen ▽

Widukind oder Wittekind, wie er auch genannt wird, wird man im Teutoburger Wald und Wiehengebirge oft begegnen. Ein Fernwanderweg trägt seinen Namen, und die Folklore verklärt ihn als kühnen, wenn auch tragischen Helden. Denn der Sachsenherzog war der hartnäckigste Gegner Karls des Großen. Dem Anspruch des Frankenkönigs, auch das Land der Sachsen seiner Macht und dem Christengott zu unterwerfen, schwor er Widerstand wie vor ihm der Cherusker Armin den Römern. Und nicht weit vom Ort der Varusschlacht kreuzten sich die Klingen erneut.

Widukinds ›Taufe‹

Um die ›Heiden‹ zu unterwerfen, soll Karl sich 772, 779 und 782 an der Hasefurt zu Osnabrück aufgehalten haben. Die Bewohner von Widukinds ›Trecwithigau‹ aber wehrten sich; mehrfach zogen die Franken wieder ab. 783, wohl am Slagvorderberg, dem heutigen Klushügel nördlich Osnabrücks, vielleicht auch im Wittenfeld in der Bauerschaft Rieste bei Bramsche fiel die Entscheidung. In angeblich dreitägiger Schlacht unterlag Widukind.
In rund einer Stunde wandert man heute vom Klushügel zur Wittekindsburg bei Rulle – auf den Spuren des Verlierers, der sich hierhin zurückgezogen haben soll. Zweifel steigen auf angesichts der spärlichen Fundamentreste auf dem Ruller Hügel. Zwar hat die Archäologie bewiesen, dass der Platz zu Widukinds Zeit besiedelt gewesen war; vom angeblichen ›Taufstein Widukinds‹ in der Dionysiuskirche im nahen Belm dagegen weiß man sicher, dass er nicht vor dem 13. Jahrhundert entstand.
Aber hat Widukind sich überhaupt taufen lassen, wie die Legende es will? Fest steht nur, dass die Geschichte mit seiner Niederlage eine neue Richtung erhielt: Fortan sollte ganz Germanien vom Limes bis zur Elbe dem christlich-fränkischen König und späteren Kaiser Roms gehören.

Von Burg zu Burg

Westfalen, aufgepasst: Auch der Landkreis Osnabrück, vor allem die Altkreise Melle und Wittlage, ist Wasserburgenland. An die dreißig von

△ Brauchtumspflege in der Harpenfelder Dorfschmiede bei Bad Essen

△ Beim ›Historischen Markt‹ in Bad Essen: Strohdreschen …

△ Pfingstmontag in Betrieb: die Lechtinger Mühle

Alte Küche im Heimatmuseum Ostercappeln-Venne ▽

△ ... und Tanzvorführungen wie vor 100 Jahren

Einer der schönsten im Land: der Marktplatz von Bad Essen ▽

Graften umgebene Adelssitze stehen in der Region, dazu ein Dutzend Höhenburgen. Die meisten befinden sich zwar in Privatbesitz und sind nur von außen zu besichtigen. Doch auch wenn sie an Pracht mit den Burgen des Münsterlands nicht mithalten können, sind einige von ihnen schon allein eine kleine Reise wert. Die Iburg, über die schon berichtet wurde, gehört dazu. Sie ist die älteste und umfassendste Feste des Osnabrücker Bischofs; schon 1073 wurde mit ihrem Bau begonnen. Ihr folgten Fürstenau und Quakenbrück im Osnabrücker Nordland, Wittlage bei Bad Essen, in gotischer Zeit Bentheim und Lingen im Emsland und schließlich die repäsentativen Adelshäuser der Renaissance. Die ›Weser-Renaissance‹ wirkte an Hase und Ems noch länger als in ihrem Ursprungsgebiet.

Am Schlösser-Rundweg

Für den Besuch sind drei Burgen aufgrund ihrer Nähe zueinander besonders zu empfehlen: die Schelenburg bei Schledehausen und die Bad Essener Schlösser Ippenburg und Hünnefeld. Alle liegen malerisch an breiten Wassergräben, alle entstanden auf mittelalterlichen Vorgängern. Schelenburg und Hünnefeld erhielten ihre wichtigsten Zutaten in der Renaissance, Ippenburg sein neugotisches Herrenhaus erst im späten 19. Jahrhundert. Besonders Ippenburg wirkt nobel – das Gut bewirtschaftet noch heute rund 700 Hektar Land –, die Schelenburg mit ihrem süddeutsch anmutenden Försterhaus eher romantisch. Auf Hünnefeld ist der Taubenturm ein anheimelndes Detail, und ein zauberhaftes Spaziergangsziel ist das Schlosscafé ›Alte Remtei‹. Wer auch auf Ippenburg auf ganz andere Gedanken kommen will, besucht das Schlosskonzert oder das sommerliche Gartenfestival – unverzeihlich, es auszulassen, wenn man im Juni in Bad Essen ist.

Es ist nicht Juni? Dann kann man sich auf der Brücke über den Schlossgraben unter Kastanien und Linden in das Studium der allegorischen Steinfiguren vertiefen, die den Weg zum Haupthaus säumen: Barmherzigkeit, Einsicht, Klugheit, Beständigkeit, Gerechtigkeit. Von Efeu umrankt und von der Zeit grün gefleckt.

△ So groß: Saurierspuren in Barkhausen

Kinderspaß bei Steinfeld: Ziegen und Ponys in der Schemder Bergmark ▽

Frommes Dinklage: Auf der Burg lebte ein Kardinal ▽

Schnurgerade: die Handorfer Birkenallee bei Holdorf ▽

△ Flache Schweiz: Ausguck in den Dammer Bergen

Rush hour: Hochsaison in den Dammer Bergen ▽

Saurier und Schweizer

Weiter zurück in der Zeit: In Barkhausen, ebenfalls bei Bad Essen, staunt man vor 140 Millionen Jahre alten Fährten von Dinosauriern, einer zweibeinig, der andere, der wohl 25 Meter lang gewesen sein muss, vierbeinig. Die Sensation: Das Schauspiel spielt sich an einer Steilwand ab! Doch die Tiere liefen nicht bergan – die Platte wurde bei der Auffaltung des Teutoburger Waldes schlicht emporgedrückt.

Ortswechsel – ein Schwenk nach Norden: Bei Bohmte zweigt die Straße ins Moor ab. Wellenreitend – der weiche Untergrund gibt dem Asphalt immer wieder nach – fährt man zum nächsten Vorgeschichtszeugnis: der ›Stauchendmoräne‹ Dammer Berge. So jedenfalls nennen die Geologen diesen vor über 200 000 Jahren von den Gletschern der Saale-Eiszeit aufgetürmten Höhenzug, dessen Namen man sich nicht nur wegen des gleichnamigen Brückenrestaurants über der westlich vorbeiziehenden Autobahn Hansalinie merken sollte. Die Dammer Berge sind ein so liebliches Naherholungsgebiet, dass die Oldenburger, deren Gebiet (Landkreis Vechta) wir hier kurz betreten, von ihrer ›Schweiz‹ sprechen.

Zu Recht: Lichte Buchenwälder, sanfte Wiesentäler und klare Gewässer wie der Dammer Bergsee bilden ein grünes Paradies. Dabei erzählt der See Industriegeschichte: Er wurde als Klärteich für den Eisenerzbergbau angelegt, der bis in die 1960er-Jahre betrieben wurde. Um den renaturierten See führt heute ein schöner Wanderweg, auf dem alten Abschlussdeich wachsen Birken.

Ach ja: Wer zufällig im Spätwinter herkommt, darf den Dammer Carneval – mit großem C und eine Woche vor dem rheinischen Karneval – nicht verpassen. Er gilt als traditionsreichster ganz Norddeutschland: Schon 1564 soll ein erster Narrenumzug stattgefunden haben. Wer mehr darüber wissen will: Im Stadtmuseum ist alles dokumentiert.

Verlandet der Dümmer?

Noch ein Refugium der Natur: Vom Beobachtungsturm am Südufer blickt man auf eine riesige Wasserfläche, aus der grüne Schilfinseln ragen. Denn der von der Hunte

△ Der Dümmer brennt: Brillantfeuerwerk im August

Selten gewordene Gäste: Weißstörche am Dümmer See ▽

△ Landwirtschaft heute: Futterfabrik bei Damme

△ Fahrschule für Jollensegler: Wassersport wird am Dümmer groß geschrieben

△ Augenweide: Bei Fricke & Damhuis in Sandbrink am Dümmer werden noch Mahagoni-Boote gebaut

△ Feuchtbiotop Dümmer: Führung im Ochsenmoor

Idyll unter Reet: Hüde am Ostufer des Sees ▽

gespeiste Dümmer ist eine extrem flache Badewanne – nirgends mehr als 1,50 Meter tief. Was Wassersportlern somit risikofreie Herausforderungen garantiert, grämt die Naturschützer. Seit seiner Eindeichung mit knapp 20 Kilometer Ringdeich in den 1950er-Jahren verlandet der nach dem Steinhuder Meer zweitgrößte Binnensee Niedersachsens; jedes Jahr muss ausgebaggert werden.

Die Tierwelt jedoch freut's: Kormorane, Kraniche, Rohrdommeln, Weißstörche, Graureiher und Sumpfhühner finden hier ideale Bedingungen vor; Kiebitze, Graugänse und Haubentaucher sind sogar ganzjährig ansässig geworden. Nur mit den Fischen hapert es aufgrund der geringen Wassertiefe immer mehr: Nur noch ein Fischer ist offiziell zugelassen, und was als ›fangfrischer Dümmerfisch‹ – eben nicht nur Aal, Hecht, Barsch oder Zander – auf den Teller kommt, schwamm oft zuvor im Salzwasser der Nordsee.

Hühnerland, Schweineland

Auf Anton Pohlmann ist man nicht sehr stolz im Oldenburger Münsterland – auch wenn er es war, der das großformatige Wirtschaften mit Huhn und Eiern so sehr perfektionierte, dass es die Gewerbesteuerkassen prall füllte. Bis seine unlauteren Praktiken ruchbar wurden. Aber das ist eine andere Geschichte.

Nein, lieber spricht man von Pferden in diesem Stammland der Großlandwirtschaft, wie sie heute betrieben wird: In Mühlen sind die Schockemöhles zu Hause, und deren Erfolge mag jeder. Oder vom Schwein, das in den riesigen Stallungen gemästet und gezüchtet wird, die längst neben jedem Fachwerkgehöft stehen. Dinklage, die Stadt Graf von Galens, lebt davon gut: Ihre drei großen Futtermittelbetriebe, einer 1891 gegründet, zählen zu den führenden der Branche. Sie verkaufen Kraftfutter, die ›Prokalb‹, ›Immunoporc‹ oder ›Welfare‹ heißen, außerdem Saatgut und Dünger. Und Dienstleistungen: Rationsberechnung, Beratung im Stallbau, computergestützte Auswertung für Sau und Masttier. Großlandwirtschaft heute – eine Industrie? Mit einer Einschränkung: Der wichtigste Rohstoff, das Getreide, wird noch auf heimischen Flächen gewonnen.

72
VECHTA
Barnstorf
QUAKENBRÜCK
DINKLAGE
LOHNE (Oldenburg)
Großes Moor
Drebber
Badbergen
Diepholz
Holdorf
Steinfeld (Oldenburg)
Gehrde
BERSENBRÜCK
Naturpark
Dümmer
DAMME
Neuenkirchen
Alfhausen
Rieste
Vörden
Lemförde
Bramsche
Stemwede
Großes Moor
Osnabrücker Land
Wallenhorst
Bohmte
Ostercappeln
Belm
Bad Essen
OSNABRÜCK
Preussisch Oldendorf
Teutoburger Wald
Wiehengebirge
Lotte
Hasbergen
Bissendorf
Georgsmarienhütte
Melle
Hagen am Teutoburger Wald
Rödinghausen
46

Wo gibt es was?

Fähnchennummer = Textnummer ℹ = Auskunft

Wallenhorst ①

Die aufstrebende Gemeinde (22 800 Einw.) wächst rasch als Wohnvorort Osnabrücks. **Sehenswert** ist die roman. Alte Alexanderkirche, 851 erwähnt, als die Gebeine des hl. Alexander nach Wildeshausen überführt wurden, wo er heute Ortsheiliger ist; laut Inschrift über der Sakristeitür wurde die Kirche 777 durch Karl den Großen geweiht. Das Fundament ist aus mörtellosen Findlingen gebaut, vielleicht stand darauf bereits eine sächsische Holzkirche. Im Nettetal gibt es eine wieder funktionstüchtige Wassermühle (mo, fr 16.30–18.30 Uhr), im OT *Lechtingen* (2 km südl.) eine Windmühle (sa 10–12, April–Okt. auch 1. So 15 bis 17 Uhr).
Umgebung: In der Wallfahrtskirche *Rulle* (4 km östl.; 1150, 1930 renoviert) soll eine Hostie 1347 Christi Blut geschwitzt haben (›Ruller Blutwunder‹). Nahebei die Fundamente der angeblichen *Wittekindsburg;* Grabungen ergaben, dass der Platz tatsächlich im 9./10. Jh. besiedelt war.
Veranstaltung: ›Tage alter Musik‹ im Sept.
ℹ Gemeinde, Rathausallee 1, 49134 Wallenhorst, Tel. 05407/888-101/-120, Fax 888-999; www.wallenhorst.de

Ostercappeln ②

Die Landgemeinde (9000 Einw.) an Mittellandkanal und Wiehengebirge ist ein attraktives Ziel für Wassersportler und Wanderer. **Sehenswert** das Heimatmuseum Linnenschmidtsche Mühle (Mühlentechnik, bäuerl. Gerät, Moorkultur; Mai–Sept. 2. So 15 bis 17 Uhr) und das Waffelmuseum (mo–fr 14–17, sa 10–12 Uhr) in Europas größter Eishörnchenfabrik. Über den Torfabbau im *Venner Moor* (NSG) informiert das Museum für Feldbahnen (OT Hitzhausen, so 15–17, mo bis fr 14–17 Uhr). Rundblicke vom Aussichtsturm auf dem Venner Berg (156 m).
Umgebung: In der Dionysiuskirche (13. Jh.) von *Belm* (7 km südwestl.) der Stein, auf dem Widukind getauft worden sein soll.
Aktivitäten: Wassersport (Kronensee, OT *Schwagstorf*); Wandern (Wittekindsweg), Radfahren (DiVa-Tour, S. 112), Reiten, Golf (Golfclub Varus, Tel. 05476/200) in Venne.
Veranstaltungen: Im Mai ›venner folk frühling‹; im Juli ›Varus Open‹ (Varus-Schlacht als Golfturnier), in *Belm* im Sept. Weser-Ems-Meisterschaften der Island-Pferde.
ℹ Gemeinde, Gildebrede 1, 49179 Ostercappeln, Tel. 05473/9202-0, Fax 9202-49; www.ostercappeln.de

Bissendorf ③

Malerisches Hügelland umgibt den Luftkurort (13 800 Einw.) am Teutoburger Wald. Reizvoll ist das Bild der zum Gemeindegebiet gehörenden Dorfburg *Holte.*
Sehenswert: In der Dorfkirche St. Laurentius im OT *Schledehausen* ein wertvolles Sandsteinretabel (15. Jh.); westl. des Orts an der Wierau das Schloss Schelenburg (Wohnturm um 1200; Restaurant mo–sa 15–22, so 12–22 Uhr) mit Försterhaus.
Aktivitäten: Golf (Tel. 05402/5636); Wandern, Reiten, Bogenschießen, Angeln.
Veranstaltungen: Reitertage im Juli mit ca. 1000 Pferden; ›Tage alter Musik‹ im Sept. auf der Schelenburg.
ℹ Tourist-Information, Im Freeden 7, 49143 Bissendorf, Tel. 05402/404-0, Fax 404-33.

Bad Essen ④

Der schmucke Kurort (14 980 Einw.; ›Bad‹ seit 1902) bietet eines der schönsten Ortsbilder der Region. Der historische Meierhof von 1075, heute als Ärztehaus, Kurverwaltung und Kulturzentren (Schafstall, Alte Mühle) genutzt, ist die Urzelle der Stadt. **Sehenswert** ist neben den Meierhof-Gebäuden der dreieckige Kirchplatz mit 500-jähriger Nikolaikirche und viel altem Fachwerk. Östl. des Orts Burg Wittlage (1309–13; heute Tagungszentrum), am Schlösser-Rundweg (nördl. B 218, OT *Harpenfeld*) die Wasserschlösser Ippenburg (vor 1400 begonnen, Herrenhaus 1862–67) und Hünnefeld (um 1300, Hauptbau 17. Jh.) mit Taubenturm von 1710 und Café ›Alte Remtei‹ sowie der im Sommer aktiven Harpenfelder Dorfschmiede. Mahlvorführungen (Ostern–Okt. sa) gibt es in der Alten Wassermühle, Backtage (2. So ab 14 Uhr) im Backhaus Hüsede. Im Kurviertel das Thermalsole-Heilbad und der interessante ›Weg der Sinne‹ (nahe Kurverwaltung).
Umgebung: In *Barkhausen* (8 km südöstl.) 140 Mio. Jahre alte Saurierspuren an einer schrägen Felswand. In *Bohmte* (6 km nördl.), wo schon Wilhelm Busch Urlaub machte, das Wasserschloss Arenshorst mit Fachwerkkirche von 1632. Mit der Moorbahn kann man über *Hunteburg* (10 km nördl.) ins stille *Schwegermoor* fahren.
Aktivitäten: Angeln, Reiten, Wandern, Radfahren (DiVa-Tour); Kutsch- und Dampfzugfahrten, Wassersport (Mittellandkanal), Solefrei-/Hallenbad; Kuranwendungen; Golf in Bohmte (Gut Arenshorst, Tel. 05471/91078).
Veranstaltungen: Frühlingsfest im Mai, Mühlentag im Juni; hist. Markt im Aug.; Weihnachtsmarkt im Nov.; regelmäßig Konzerte u. Anf. Juni Gartenfest auf Ippenburg.
ℹ Kur- u. Verkehrsverein, Ludwigsweg 6, 49152 Bad Essen, Tel. 05472/9419-0, Fax 9419-5; www.badessen.de

Dümmer See · Lembruch ⑤

Der 16 qkm große See zählt zu den attraktivsten Wassersportzielen Niedersachsens. Zentrum ist das Ostufer um Lembruch.
Sehenswertes: Dümmermuseum (Mitte März–Mitte Okt. di–so 10–18 Uhr) in *Lembruch* zur Flora und Fauna des Sees. *Hüde* (3 km südl.) und das benachbarte *Marl* bieten schönes Fachwerk und die Feriensiedlung ›Hohe Sieben‹ aus den 1920er-Jahren, *Hasslinge* Schafherden und das NSG Ochsenmoor. *Lemförde* (5 km südl.) mit dem alten Amtshof (17. Jh.) ist Sitz der Samtgemeindeverwaltung. Schönster Bootshafen ist der Olgahafen in *Dümmerlohausen* (Westufer).
Aktivitäten: Schwimmen, Surfen, Segeln (mehrere Schulen), Rudern, Bootsfahrten Planwagenfahrten, geführte Wanderungen (Naturschutzring, Tel. 05443/1367).
Veranstaltungen: Seefeste, Segelregatten; Feuerwerk ›Der Dümmer brennt‹ im Aug.
ℹ Fremdenverkehrsverein, Große Str. 76, 49459 Lembruch, Tel. 05447/242.

Damme ⑥

Der Hauptort (15 300 Einw.) des Erholungsgebiets *Dammer Berge* (höchster Punkt ist der Signalberg mit 146 m) ist eine nördliche Hochburg des Karnevals.
Sehenswert sind die domähnliche Pfarrkirche St. Viktor (1904/06, Turm 13. Jh.), das Stadtmuseum im alten Bahnhof (u. a. zur Dammer Fasnacht und zum Eisenerzbergbau; so, mi 15–18 Uhr), und die Wassermühle Höltermann (2. u. 4. So 16–18 Uhr).
Umgebung: In *Steinfeld* (7 km nördl.) neugot. Kirche mit 5,20 mal 1,20 m großem geschnitzten Abendmahlsbild und Erholungszentrum Dammer Berge (Schemder Bergmark, Ponyhof). Zum Gut Ihorst (1680) bei *Holdorf* (9 km nordwestl.) führt eine malerische Eichenallee; 2 km östl. von hier der Hof des Olympiareiters Schockemöhle. In *Nellinghof* bei *Neuenkirchen* (8 km westl.) eine frisch restaurierte Windmühle, im benachbarten *Vörden* Stiftsburg der schwedischen Fürsten Gustavsson von Wasaburg.
Aktivitäten: In der ›Dammer Schweiz‹ Planwagenfahrten (Schweizer Haus), Haustiergarten, Wandern, Pony-Reiten (Schemder Bergmark); Ultraleicht- und Segelfliegen (Tel. 05491/4288); Kartbahn Holdorf.
Veranstaltungen: Karneval mit großem Umzug; Open-air-Rockfestival im Juni.
ℹ Tourist-Information, Mühlenstr. 18, 49401 Damme, Tel. 05491/996667, Fax 996668, www.dammer-berge.de

Dinklage ⑦

Der Geburtsort (11950 Einw.) des Münsteraner Kardinals und NS-Gegners Clemens August Graf von Galen (1878–1946) erhielt durch Sanierung ein neues Stadtbild.
Sehenswert sind die Catharinenkirche mit 70 m hohem Turm, das Rathaus (1904) und die Fachwerk-Wasserburg (16./17. Jh.), heute Wellness-Hotel, mit ihrem Wildpark.
Aktivitäten: Frei-/Hallenbad, Reiten, Angeln.
Veranstaltungen: Ende Juli Schützenfest, im Aug. Mühlenfest (Schweger Mühle), Fettmarkt im Okt., Weihnachtsmarkt.
ℹ Stadt Dinklage, Am Markt 1, 49413 Dinklage, Tel. 04443/899-0, Fax 899-25, www.dinklage.de

Der Hof Meier zu Lahr, Mitte des 18. Jahrhunderts in Goldenstedt bei Vechta errichtet, steht heute in Cloppenburg – als Dorfkrug des Museumsdorfs.

Kulturschätze unter Reet: Bramgau und Artland

Im fruchtbaren Artland zwischen Quakenbrück und Bersenbrück steht die größte Zahl denkmalwürdiger Fachwerkhöfe ganz Niedersachsens. Da der Landwirtschaft der goldene Boden längst entzogen ist, ist ihre Zukunft ungewiss: Werden sie allesamt einst im Cloppenburger Museumsdorf stehen? Jede Zukunft für sein Reich, zumindest in Germanien, verlor einst auch Varus – in Kalkriese im Bramgau, das man auf Touren durch grüne Dörfer voller Landferienversprechen erreicht. Das Reiterdorf Ankum, die Maiburg bei Berge, der Alfsee an der Hase – viel Stoff für herrliche Landpartien.

△ Begräbnisstätte aus eiszeitlichen Findlingen: Großsteingräber in der Bauerschaft Hekese bei Bippen

△ Der wertvollste Fund am Kalkrieser Berg: eiserne Gesichtsmaske eines wahrscheinlich vornehmen Römers

Vogelschau: der alte Museumsbau in Kalkriese ▽

Kalkriese: Palisaden-Nachbau aus Reisig ▽

△ Kunst im Dienst der Museumspädagogik: ›Germanenwall‹ in Kalkriese

Unter Eichen: eine alte Scheune bei Bramsche ▽

Als die Römer frech geworden, zogen sie‹, wie jeder mal in der Schule gelernt hat, ›nach Deutschlands Norden.‹ So sagt es ein Lied aus der Lagerfeuer-Bibel ›Die Mundorgel‹, und so sagte es Tacitus der Ältere: Am ›saltus teutoburgiensis‹, so der Römer, am Teutoburger Wald also, kam es zu jener dreitägigen Schlacht, an der sich heute, fast 2000 Jahre post factum, ein kleines Dorf im Osnabrückischen so über die Maßen freut. Denn Zeitpunkt (neun nach Christus), Zahl der Toten (Tausende), Verlierer (die Römer unter Publius Quinctilius Varus) und die Folgen für die Verlierer (Verzicht auf die Elbgrenze und Rückzug auf die Rheinlinie) waren schon diese knapp 2000 Jahre lang bekannt. Der Ort des Geschehens indes nicht.

Major Clunns Entdeckung

Der Ort war unbekannt bis 1987, als Anthony Clunn, Offizier der britischen Rheinarmee, einen Wanderurlaub am Kalkrieser Berg verbrachte. Bewaffnet, wie es sich für Hobbyarchäologen gehört, mit einem Metalldetektor, mit dessen Hilfe er einen sensationellen Fund machen konnte: 160 silberne Denare aus Varus' Legionskassen. Und im Jahr darauf drei ›glandes plumbeae‹, Bleigeschosse. Kalkriese triumphierte: Mommsen hatte doch Recht! Theodor Mommsen, der wohl bekannteste Althistoriker deutscher Sprache, hatte schon um 1890 die These vertreten, Kalkriese und nicht, wie seine Zeitgenossen glaubten, die Porta Westfalica bei Detmold – wo seit 1875 das Hermannsdenkmal steht – sei der Ort der Varusschlacht. Heute, gute zehn Jahre nach Major Clunns Funden, zweifelt niemand mehr.

Und wer nach Kalkriese kommt, kann nicht nur erleben, was moderne Archäologie alles so herausfindet, sondern auch, wie man Geschichte, sogar die der ›ollen Römer‹, faszinierend präsentiert. Erst recht, wenn der endgültige Museumsbau, Ergebnis eines Architektenwettstreits, fertiggestellt ist, wird sich der Weg an den Mittellandkanal lohnen. Weil man einen Großteil der rund 1800 Funde zu Gesicht bekommt, die bisher gemacht wurden, darunter die einzigartige, einst silberüberzogene

△ Lage bei Rieste: Tordurchfahrt zum Rittergut Kommende Lage

△ Blick in die Kapelle der Lager Kommende

Kloster für Benediktinerinnen: Malgarten bei Bramsche ▽

△ Backstein: Stift Börstel bei Berge

Noch intakt: Bramscher Webstuhl ▽

Im Tuchmachermuseum von Bramsche: An 15 laufenden Maschinen kann man 18 verschiedene Arbeitsgänge verfolgen ▽

Maske eines römischen Gesichtshelms. Weil man beim Rundgang über Bohlenwege, vorbei an Tafeln mit Zitaten antiker Autoren, begreift, dass die Römer Arminius (oder Hermann) und seinen Cheruskern unterliegen mussten: Im Engpass zwischen Venner Moor und Kalkrieser Berg waren Varus' Legionen mit ihren schweren Waffen und Wagen den ortskundigen Germanen fast schutzlos ausgeliefert.

Und weil man etwas von der Dramatik auch dieses frühen, nach unseren Begriffen primitiven Krieges spürt. 1999, relativ spät, entdeckte man Abdrücke von menschlichen Knochen und Tierzähnen: das Massengrab, in dem, wie der Römer Valerius berichtet hat, Jahre nach der verheerenden Niederlage die Gefallenen und Tierkadaver beigesetzt wurden, die die Sieger auf dem Feld liegen ließen – und vergaßen.

Bramscher Rot

Auch im nahen Bramsche, wo heute Bücher, Tapeten und Servietten bedruckt werden – die Stadt zählt zu den wichtigen Druckereistandorten Norddeutschlands –, ist ein neueres Museum die interessanteste Attraktion. Im Mühlenort in den Hasewiesen arbeitete bis 1972 eine Tuchfabrik, deren Produkte ihren Weg einst bis nach England fanden. Das heute dort eingerichtete Tuchmachermuseum erzählt davon.

Sieben Tuchmacher stellen sich vor: sieben Lebensläufe aus Zeiten des industriellen Aufbruchs, Geschichten von Mühsal und Knochenarbeit, aber auch von Wohlstand und Erfolg, rekonstruiert aus Kirchenbüchern, Fotos, Steuerlisten, Briefen. Schon im 16. Jahrhundert begann die Produktion. Das Wasser der Hase, um dessen Nutzung man sich ständig mit den Säge- und Kornmüllern streiten musste, brauchte man zum Waschen der Wolle, zum Walken, zum Färben der Tuche und Garne sowie zum Antrieb der Maschinen. Turbinen, Dampf-, Sauggas- und Elektromotoren ersetzten später die Wasserkraft, scharfe Konkurrenz zwischen Einzelunternehmern die anfangs von Gilden überwachte Produktion.

An 15 laufenden Maschinen – darunter Reißkrempel, Wolf, Spinning Jenny, Selfaktor und Webstuhl –

△ Reiterland: Fortgeschrittene … … und Schüler auf dem Pferdehof Meyer bei der Kirche von Alfhausen ▽

△ Fürstenau: 1344 entstand das fürstbischöfliche Schloss

kann der Besucher 18 Arbeitsgänge nachverfolgen – von der Schafschur bis zum fertigen Tuch. Und das einzigartige ›Bramscher Rot‹ bewundern, dem internationaler Ruhm gebührt: Dies ist das Scharlachrot des Bramscher Schönfärbers M. A. Wolff, mit dem Hannover und England einst ihre Soldaten kleideten. Bis 1837, als das als ›modischer‹ erachtete ›Preußisch-Blau‹ es ersetzte.

Bei Schmidt in Ankum

Die Bäuerin führt persönlich durchs Haus: Neue Gäste sind eingetroffen – aus dem Ruhrgebiet, wie so viele hier. Und den Tipp gaben Freunde, die im letzten Jahr hier waren, bei Schmidt in Ankum. Reiterferien wollen sie machen, den pferdeverrückten Mädels hier und auf den Nachbarhöfen – bei Eilfort nebenan werden Hannoveraner gezüchtet – bei Trab, Galopp und an der Longe zuschauen. Und die ganz Kleinen mal aufs Pony setzen, fürs Fotoalbum, oder auf die Weide zu den Kühen und Schweinen, und ins Heu auf der Diele zu Gina, der Jack-Russel-Hündin, die gerade sechs tolpatschige Welpen hat. Und die vor lauter Aufregung Purzelbäume schlägt, wie immer, wenn neue Gäste kommen.

So ist das beim Ferienhof Schmidt in Ankum an der Tütinger Straße, von dem sie zu Recht sagen, dass er einer der schönsten überhaupt sei. Ein hoher, 1757 errichteter Fachwerkbau mit vielen Nebengebäuden, die bis unters Dach zu gemütlichen Ferienquartieren umgebaut wurden. Dahinter ein bunter Bauerngarten, ein Teich, in dem es von Kaulquappen wimmelt, und dann der herrliche Wald voller Kinderverstecke unter Farngestrüpp. Am Abend, die Kinder sind müde, sitzen die Eltern auf der Terrasse, betrachten ihre Kartoffeldrucke und Strohblumengestecke – die Schwester der Bäuerin lehrt diese Künste. Und geben zu, dass sie ja selbst auch noch nie gesehen hatten, woher die Milch wirklich kommt. Dass sie das Gefühl haben, Kraft zu tanken, hier bei Hase und Igel und vom selbstgebackenen Stockbrot gestärkt. Und die Bäuerin ist's zufrieden. ›Die kommen nächstes Jahr wieder. Oder Freunde von ihnen, denen sie den Tipp geben. Mol kieken.‹

△ Eine von vielen Wassersporteinrichtungen: Wasserskizuganlage am Hase-Rückhaltebecken Alfsee

△ Schwunganalyse: Golfclub Artland in Ankum-Westerholte

Eggermühlen: Das Schloss von 1661 ist heute Ferienhof ▽

△ Der gelbe Wagen: Auf dem Quakenbrücker Marktplatz hält die ›Hasetaler Pferdepost‹

△ Alt-neue Kulisse: Reitübungen vor dem Stadtmuseum (links) und der Landesbank im Zentrum Quakenbrücks

△ Noch betriebsbereit: die Galerieholländer-Windmühle von Menslage

△ Ökologie lernen: Lernstandort Kuhlhoff in Bippen

Natur als Kunstwerk: Freie Kunstakademie Maiburg ▽

△ Lieber aufs Schaukelpferd? Erste Reitstunde in Quakenbrück

Einer der schönsten: Hof Bußmeier in Badbergen-Vehs ▽

Maiburg – Ökologie und Kunst

Von Ankum nach Westen: Am Wasserschloss Eggermühlen vorbei oder über Hekese, wo man zwischen gewaltigen Hünengräbern spazieren kann, kommt man in den Staatsforst mit dem schönen Namen Maiburg. Wer *in* der Natur etwas *über* die Natur lernen möchte, wandert dort auf dem Waldlehrpfad ›Vosspädken‹ (Fuchspfad). Oder besucht in Bippen den ›ökologischen Lernstandort‹ Kuhlhoff: Vor allem Schulklassen nutzen in dem alten Bauernhof das Angebot des Landkreises, unter Anleitung von Land- und Forstwirten, Biologen und Pädagogen über die Spannungen zwischen Nutzungs- und Schutzinteressen in der Landschaft nachzudenken.

Und wie Kunst und Landschaft miteinander kommunizieren können, darüber machen sich seit nunmehr zwanzig Jahren Dieter Mastall und Roswitha Maes ihre Gedanken. In der ›Freien Kunstakademie Maiburg‹ präsentieren sie ihre Ergebnisse: Nahe der Landstraße von Schwagstorf nach Bippen sind sie dabei, die historische Burgbefestigung Maiburg in ein 1,4 Hektar großes, begehbares Gesamtkunstwerk zu verwandeln. Material ihrer Arbeit sind die Findlinge der Eiszeit, die in der Endmoränenlandschaft der Ankumer Höhe so reichlich zu finden sind. Harmonisch fügen sie sich in die idyllische Wald- und Wiesenlandschaft ein und beziehen auch die Überreste einer über 3000 Jahre alten Siedlung mit ein. Geplant ist außerdem eine dreistöckige chinesische Friedenspagode, die als Kaffee- und Teehaus dienen wird. Interessiert? Unter ›www. bippen-news.de/fkm-maiburg-ev‹ berichten die Künstler zeitgeistig über ihr Projekt.

Was kostet ein Bauernhof?

Das Artland um Badbergen und Quakenbrück, einst Kornspeicher des Fürstbistums Osnabrück, war einmal eine der wohlhabendsten Regionen ganz Niedersachsens, wenn nicht Norddeutschlands. Dicht an dicht stehen in der parkähnlichen Region – der Name soll sich vom lateinischen ›arare‹, pflügen, ableiten – einige der prachtvollsten Höfe des Landes: burgähnlich, von Eichen umringt, mit Toren und Giebeln, in die ganze Wälder verbaut wurden, mit

△ Freilichtmuseum Cloppenburg: Hof Wehlburg

1638 erbaut: die Bockwindmühle ▽

Die Dorfkirche von Klein-Escherde bei Hildesheim … ▽

… wurde 1699 der ›Heiligen Familie‹ geweiht ▽

△ Cloppenburgs Müllerhaus

Nur Torffeuer wärmten die Wohnräume, füllten Diele, Küche und Wohnzimmer mit Qualm ▽

Nebengebäuden, die jedes für sich einem heutigen Städter als Alters- oder Wochenendwohnsitz genügen würden – jedoch mit Besitzern, die der Gegenwart wenig Gutes abgewinnen können. Mit der Landwirtschaft, sagen sie, ist es vorbei – kein Blumentopf sei da mehr zu gewinnen. Alternativen? Ferienhof, Ökoanbau, Golfplatz, Museumshof oder Antiquitätenhandel? Alles schön und gut, aber nichts gegen damals, als alles noch lief. Denkmalschutz? Kostet nur, und die Unterstützungen sind nicht der Rede wert. Die Aufnahme ins Unesco-Weltkulturerbe hat man beantragt, vor einigen Jahren – ohne Erfolg, war vielleicht auch besser so. Jetzt überlegt man, die Höfe für Managerseminare zu vermieten: Kreativ-Workshops unter Eichen. Ist vielleicht eine Idee. Aber ehrlich: Wenn ein reicher Städter kommt und das Ganze kauft, ist's auch gut, und die Seele hat ihre Ruh.

Alles nur Klagen, wie Kritiker lästern, auf hohem Niveau? Im einen oder anderen Fall mag das stimmen. Fest steht gleichwohl: Die Höfe des Artlands, zwischen Bersenbrück und Quakenbrück, Badbergen, Nortrup und Menslage fast 1000 an der Zahl, gehören zum Schönsten, was die gesamte in diesem Band beschriebene Region zu bieten hat. Sie zu erhalten, verdient Unterstützung.

Ein Abstecher: Cloppenburg

Deshalb auch soll ein Abstecher hier nicht fehlen: nach Cloppenburg, eine halbe Stunde nördlich von Quakenbrück, ins Museumsdorf. Dort steht – neben über 50 anderen originalgetreu wieder aufgebauten ländlichen Häusern auf 15 Hektar Fläche – die Hofanlage Wehlburg aus dem Badberger Ortsteil Wehdel. 1972 wurde sie hierher versetzt, samt Ställen, Backhaus, Remise, Torfhaus. Man sollte im Winter kommen, wenn man einmal spüren möchte, wie es sich so lebte in der ›guten alten Zeit‹. Unter der riesigen Esse im Wohnbereich gleich hinter der kathedralgroßen Diele glimmt ein Torffeuer; Rauch hüllt den Raum ein. Es ist kalt – früher lieferte das Kuhvieh auf der Diele noch etwas Wärme. In der engen Schlafkammer knarren die Dielen. Gemütlich? Nein, gemütlich war es hier nie.

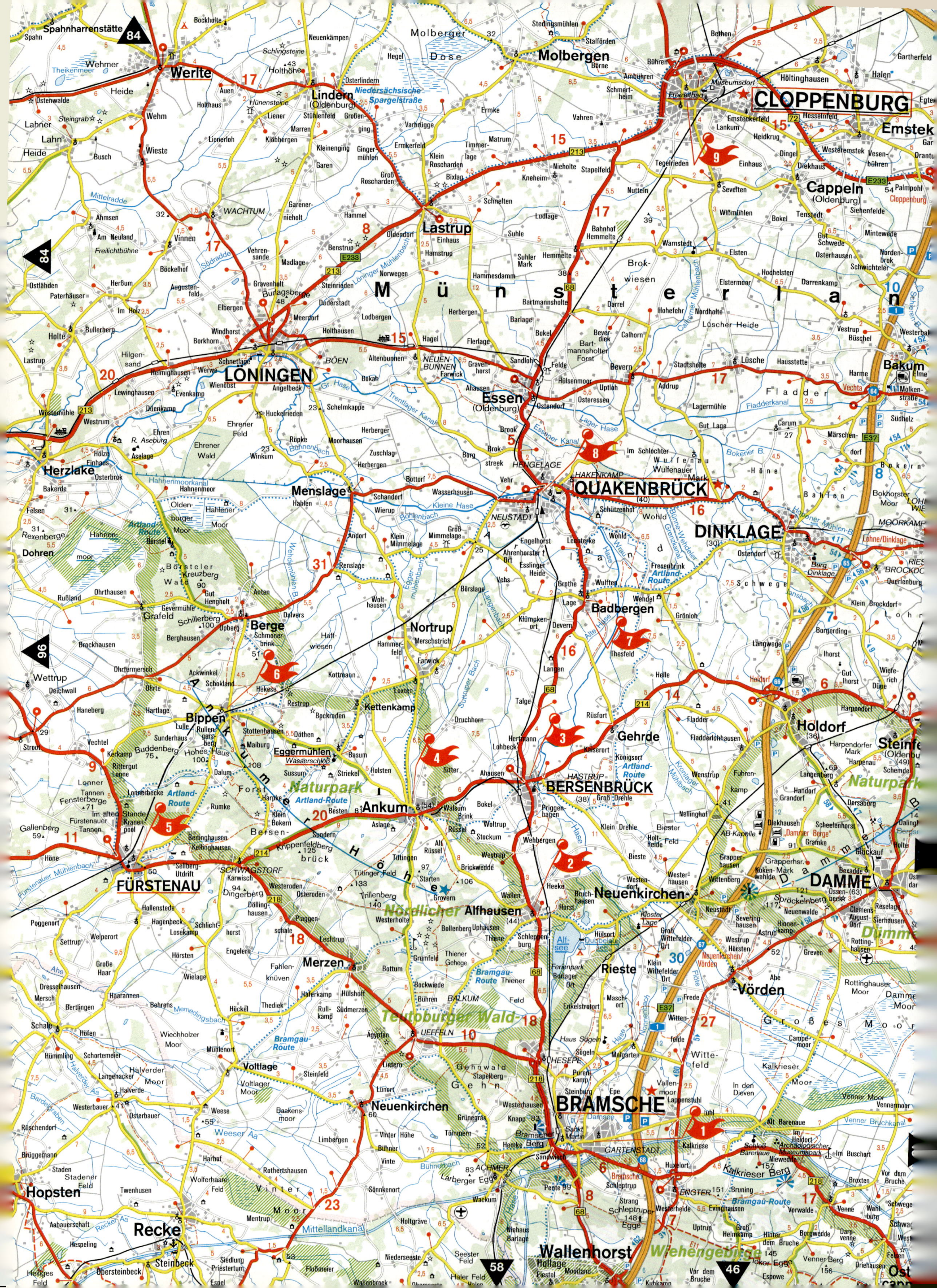

84
Spahnharrenstätte
Werlte
Lindern (Oldenburg)
Niedersächsische Spargelstraße
Molbergen
Molberger Dose
Cloppenburg
Emstek
Cappeln (Oldenburg)
Lastrup
Löningen
Münsterland
Essen (Oldenburg)
Herzlake
Menslage
Quakenbrück
Dinklage
Bakum
Vechta
Artland-Route
Berge
Badbergen
Nortrup
Bippen
Kettenkamp
Eggermühlen
Naturpark
Ankum
Gehrde
Bersenbrück
Holdorf
Steinfeld (Oldenburg)
Fürstenau
Schwagstorf
Nördlicher Teutoburger Wald
Alfhausen
Neuenkirchen
Damme
Dümmer
Merzen
Rieste
Vörden
Großes Moor
Bramgau-Route
Voltlage
Ueffeln
Neuenkirchen
Bramsche
Gehn
Hopsten
Recke
Mittellandkanal
Wallenhorst
Wiehengebirge
Kalkrieser Berg
96
84
58
46

Wo gibt es was?

Fähnchennummer = Textnummer ℹ = Auskunft

Bramsche ①

Die alte Textilstadt an der Kreuzung von Hase und Mittellandkanal ist größte Stadt (31 700 Einw.) des Altkreises Bersenbrück. **Sehenswert** sind St. Martinskirche (11. Jh.) Alte Post (1650) und Tuchmachermuseum (di–fr, so 10–18, so 14–18 Uhr). Im OT *Malgarten* Benediktinerinnenkloster (1170 gegr.) mit spätroman. Kirche (1230; Ausstattung Barock/Rokoko) und Kreuzgang. **Umgebung:** In *Kalkriese* (11 km östl.) der Museumspark Varusschlacht (April–Okt. di–so 10–18, Nov.–März 10–17 Uhr) und die Burgen Alt- (1689) und Neu-Barenaue (um 1880). In *Neuenkirchen* (14 km westl.) Reste der Stiftsburg (um 1720, heute Pfarrhaus und Jugendheim).
Aktivitäten: Naturbad Darnsee, Hallen- und Freibad, Wandern (u.a. Gehnwald bei *Ueffeln*, 10 km nordw.), Radfahren (Hase-Ems-Tour, DiVa-Tour), Reiten, Rudern; Segelfliegen im OT *Achmer*.
Veranstaltungen: Alle zwei Jahre (2001 usw.) Römer-und-Germanen-Treffen in Kalkriese (Juli).
ℹ Stadtmarketing, Gilkamp 10, 49565 Bramsche, Tel. 05461/93550, Fax 935511, www.bramsche.de

Alfhausen ②

Gemütlicher Ort (3500 Einw.) am Heiligenberg im Vorland der Ankumer Höhe.
Sehenswert die St. Johanniskirche (13 Jh., Strahlenmadonna des ›Meisters von Osnabrück‹) und die alten Häuser am Kirchhof.
Umgebung: In *Rieste* (5 km östl.) das Johanniter-Rittergut Kommende Lage (1245; Kirche 1426, mit Holzkreuz, ca. 1300). Zwischen beiden Orten der 1976 angelegte *Alfsee* (220 ha); am Ostufer ein Ferienpark mit vorbildlichem Campingplatz.
Aktivitäten: Wandern (Friesenweg), Reiten, Radfahren, Angeln; am Alfsee Segeln, Surfen, Wasserski, Kartbahn, Kinderautoland.
Veranstaltungen: Am Alfsee Kanu-Polo-turniere, Wakeboarding-Wettbewerbe, Segelregatten, Wasserskimeisterschaften.
ℹ Gemeinde, Alte Schulstr. 5, 49594 Alfhausen, Tel. 05464/1305, www.alfsee.de

Bersenbrück ③

Die einstige Kreisstadt (7600 Einw.) ist heute Schul- und Verwaltungszentrum.
Sehenswert die Klosterpforte am Markt, dahinter das Kreismuseum im Kloster (bäuerl. Kunst und Kultur des Artlands; di–fr 9–12, 14–17, sa/so 14–17 Uhr) gegenüber der bewaldeten Haseinsel Hemke.
Umgebung: In *Gehrde* (3 km östl.) alter Kirchplatz; in *Langen* (2 km nördl.) der Artlandhof Burlage (Antiquitätenhof) von 1520.
Aktivitäten: Bogenschießen; Reiten, Wandern, Radfahren, Angeln, Rudern.
ℹ Fremdenverkehrsverband, Lindenstr. 2, 49593 Bersenbrück, Tel. 05439/9620.

Ankum ④

1000-jährige Gemeinde (6700 Einw.) im Herzen der waldreichen Ankumer Berge.
Sehenswert der burgartige ›Artländer Dom‹ St. Nikolaus (12. Jh. oder früher) und alte Höfe der Umgebung. Im OT *Tütingen* mehrere Ferienhöfe in schöner Lage (u.a. Schmidt, Tel. 1601, und Eilfort, Tel. 318).
Umgebung: Auf dem Giersfeld in *Westerholte* (6 km südl. beim Golfclub Artland) über 4000 Jahre alte Stein- und Hügelgräber (mit Lehrpfad); in *Eggermühlen* (5 km nordw.) Schloss (1661; heute Ferienhof) mit Orangerie und Wassermühle.
Aktivitäten: Wandern, Radfahren, Reiten, Golf (Artland Golfclub, Tel. 05466/301), Frei- und Hallenbad, Kutschfahrten, Angeln.
Veranstaltungen: Reitturnier im Juni, Viehmarkt im Sept., Pferdeauktion im Dez.
ℹ Gemeinde, Hauptstr. 27, 49577 Ankum, Tel. 05462/475, Fax 8597, www.ankum.de

Fürstenau ⑤

Die einstige Hansestadt (9940 Einw.) war lange Residenz der Osnabrücker Fürsten.
Sehenswert sind das ehem. fürstbischöfl. Schloss (1344, Bergfried 1555) mit Park, die Antener Porte (1556), die Georgskirche (14. Jh.) und eine Straußenfarm (Tel. 3214).
Aktivitäten: Reiten, Wandern, Planwagenfahrten, Freibad.
Veranstaltungen: Bauernmarkt im Sept.
ℹ Stadtverwaltung, Schlossplatz 1, 49584 Fürstenau, Tel. 05901/932010, Fax 932012, www.fuerstenau.de

Bippen ⑥

822 gegr. Gemeinde (2970 Einw.) im Forst Maiburg und anerkannter Erholungsort.
Sehenswert die roman. Georgskirche (urspr. 9. Jh.) und große Hünengräber im OT *Hekese*. Außerdem der ›ökologische Lernstandort Kuhlhoff‹ des Landkreises Osnabrück (Tel. 05435/2821) und am Weg nach *Schwagstorf* die Freie Kunstakademie Maiburg (Tel. 05901/305100).
Umgebung: In *Berge* (5 km nördl.) klassizist. Pfarrkirche mit weiß-goldenem Kanzelaltar; bei *Grafeld* (5 km westl.) das 750jährige ehem. Zisterzienserstift *Börstel* (Führungen di–so ab 10 Uhr).
Aktivitäten: Wandern, Reiten, Angeln.
Veranstaltungen: Jahrmarkttheater im Mai; Konzerte in Börstel, Reitturniere.
ℹ Gemeinde, Hauptstr., 49626 Bippen, Tel. 05435/840, Fax 2671.

Badbergen ⑦

Die kompakte Ortschaft (4400 Einw.) ist seit jeher ein Mittelpunkt des Artlands.
Sehenswert sind die prachtvollen Fachwerkhöfe in den Ortsteilen, darunter in *Wulften* (östl.) Hof Berner, um 1750 aus 80 Eichen gefertigt, und in *Vehs* (nordwestl.) der Hof Bußmeier. In *Nortrup* (9 km westl.) Kutschenmuseum und Wasserschloss Loxten (1698; Tel. 05436/1666); Jagdhaus Spark und Gaststätte Blome servieren original Artländer Schinken.
Aktivitäten: Reiten; Freibad in Nortrup.
ℹ Gemeinde, Am Markt, 49635 Badbergen, Tel. 05433/328, Fax 6128.

Quakenbrück ⑧

Alte Burgmanns- und Hansestadt (12 600 Einw.) am ›quakigen‹ (sumpfigen) Binnendelta der Hase. Der ›Poggenpad‹ (Froschpfad) führt durch den schönen Ort.
Sehenswert sind Fachwerkhäuser wie das Stadtmuseum (do, sa 15–18, so 10.30 bis 14.30 Uhr; Ausstellung zur Auswanderung in die USA), Burgmannshöfe, Barockbauten, die got. Hohe Pforte (1485) sowie St. Sylvester (1235) und St. Marien (1652).
Umgebung: In *Essen* (5 km nördl.) und *Menslage* (11 km westl.) gut erhaltene Windmühlen (1650 und ca. 1800). In *Löningen* (20 km westl.) die Saalkirche St. Vitus (1809/13) und ein Kinomuseum (Tel. 05432/30749).
Aktivitäten: Museumseisenbahn nach Meppen (Tel. 05431/904649), Planwagenfahrten, Ballonfahrten; Frei- und Hallenbad, Kanuwandern, Radfahren, Reiten.
Veranstaltungen: Burgmannsfest und Reiterfest im Sept., Musiktage im Herbst; Adventblasen in Löningen.
ℹ Stadtverwaltung, Markt 1, 49610 Quakenbrück, Tel. 05431/1820, Fax 182145, www.quakenbrueck.de

Cloppenburg ⑨

Die 1297 gegründete Stadt (30 000 Einw.) ist das Einkaufs- und Handelszentrum des Oldenburger Münsterlands.
Sehenswert: Das älteste Freilichtmuseum Deutschlands (53 Gebäude 16.–19. Jh., u.a. niederdeutsche Hallenhäuser, ostfriesisches Gulfhaus, Backhäuser, Windmühlen, Zwergschule, Dorfkirche, Töpferei, Schmiede, Ausstellungsscheune; März bis Okt. 9–18, so und fei 10–18, sonst bis 16 Uhr) bietet faszinierende Einblicke in einstige Volkskultur und Alltagsgeschichte. Außerdem Wandpfeilerkirche St. Andreas (1729), Marienwallfahrtsstätte Bethen (Gnadenbild ca. 1380, Kirche 1669) und Stadtpark mit klassizist. Gerichtsgebäude.
Umgebung: Erholungsgebiet *Thülsfelder Talsperre* bei *Molbergen* (9 km westl.) mit Campingplätzen, Tierpark (März–Okt. tgl. 9–19 Uhr) und Golf (Tel. 04474/7995).
Aktivitäten: Freizeitbad, Reiten, Planwagenfahrten, Kartbahn, Wassersport.
Veranstaltungen: Juni-Markt, Grasbahnrennen und Gauklerfest (Juli), City-Fest (Sept.).
ℹ Tourist-Information, Eschstr. 29, 49661 Cloppenburg, Tel. 04471/15256, Fax 933828, www.cloppenburg.de

Auch so eine geniale Idee: Vom Zentralbau seines Jagdschlosses aus hatte der Bauherr von Clemenswerth sämtliche acht Nebenhäuser immer im Blick.

Gute Aussichten an der Ems und im Hümmling

Es ging schon mal schlechter – die Alten wissen ein Lied davon zu singen. Die Alten haben auch erlebt, wie ein Familienbetrieb wie Papenburgs Jos. L. Meyer zur Weltfirma aufstieg – mit Fleiß, Mut und Erfindergeist. Deshalb vielleicht ließ ein Bauer am Seitenkanal der Fehnstadt kürzlich kundtun, dass er ›Kartoffelaktien‹ anbiete, für 100 Mark das Stück und im Tausch gegen je einen halben Zentner Biokartoffeln, vier Jahre lang. Keine schlechte Rendite. Und eine Idee, wie sie die unkonventionellen Leute zwischen Rhede und Haren und von Sögel bis Sustrum schon häufiger mal vorgelegt haben.

△ Fehnkolonie Papenburg: Wo man auch radelt, immer geht es irgendwann über Brücken und an Kanälen entlang

△ Rad dabei: mit der Torfbahn durchs Moor bei Esterwegen

△ Das Papenburger Freilichtmuseum Von-Velen-Anlage zeigt, wie Torf transportiert wurde … … und wie die Siedler wohnten ▽

△ Vor Papenburgs Rathaus: Auszubildende der Meyer-Werft bauten die ›Friederike‹

Großer Tag: Das neue Schiff verlässt die Werft ▽

Es ist jedesmal ein Volksfest: Meyer liefert einen Ozeanriesen ab. Auf dem Rinnsal, das die Ems auch bei Papenburg, 50 Kilometer von der Küste entfernt, schließlich noch ist – und ebendas ist die Sensation. Wie aus dem Nest gefallene Albatrosse klemmen sie, 260 Meter lang und mehr, zwischen den grünen Leitplanken des Flusses, schneeweiß, flugunfähig, majestätisch. Kühe glotzen vom Deich, Schaulustige applaudieren. Sie heißen Superstar, Galaxy, Aurora, Century … Selten war die Handbreit Wasser *neben* dem Kiel so wichtig wie *unter* den gewaltigen, frisch lackierten Rümpfen, die sie da Richtung Dollart ausfädeln. Sieben Stundenkilometer schnell – immerhin.

Think bigger: Meyers Werft

Jos. L. Meyers Werft ist deshalb eine Legende, die alle sehen wollen. Im Sommer muss man sich früh anmelden, wenn man einen Platz in den Doppeldeckern ergattern will, die fast stündlich ab Stadtmitte zum Werftbesuch pendeln. Staunen, wenn der Busbegleiter erklärt, das Ungetüm von Halle, das nun auftaucht, sei zwar nicht mehr die größte Schiffsbauhalle der Welt, aber – ›sehen Sie die gelben Baubuden da hinten?‹ – an einer Verdoppelung der jetzigen Halle werde längst gebaut, die Asiaten sollen bloß nicht denken, dass sie …

Think big also. Die Devise könnte von Meyer stammen. Papenburg und die Region leben von ihm: 2000 Mitarbeiter hat die Werft, ein Vielfaches zählen die 1800 Zulieferfirmen, die es ohne Meyer nicht gäbe. Und von denen keiner die Notwendigkeit des von den Umweltschützern bekämpften Emssperrwerks bei Gandersum in Frage stellt. Wie sollen die Pötte, die immer größer werden, sonst ins Salz kommen?

Zehn Luxusliner sind bis 2006 in Auftrag, jeder eine Dreiviertel Milliarde wert. Shipbuilding made im Emsland hat Erfolg. Und das schon in der sechsten Generation: Seit 1795 sind die Meyers im Schiffbau aktiv, haben Fährschiffe für Indonesien und Finnland gebaut (die größten der Welt), Ro-Ro-Schiffe, Gastanker und Tiertransporter mit Spezialboxen für 125000 lebende Schafe, die von

△ Flaches Land im Norden: Kuhweide bei Börger

Über allem der Kirchturm: Haren an der Ems ▽

△ Schifferstadt Haren: Die Binnenschiffswerft hat volle Auftragsbücher

△ Heute Museum: die Kappenwindmühle Mersmühle am Stadtrand von Haren

△ Auf dem Haren-Rütenbrock-Kanal liegen die Schiffe von einst

Am Fluss zwischen Haren und Meppen ▽

Neuseeland nach Arabien gebracht werden, wo sie am Metzgerhaken enden sollen.

Und schließlich die Luxusliner. 370 Meter lang ist die Halle, 101 Meter breit und 60 Meter hoch – Guinness-Rekord, bis die Asiaten kamen. Aber die Besucher, die auf ihrem Metallsteg über der Werfthalle kleben wie Fliegen auf dem Rost und einen weiteren der halbfertigen ›Superstars‹ bestaunen, sind sich einig: Hier hat man die Zukunft im Griff. Think bigger, wenigstens bei Meyer. Erst recht, weil man im Emsland ja sonst nie viel zu lachen hatte.

... und ziehen mit dem Spaten

Zu Blut-und-Boden-Zeiten zum Beispiel: Weil es entlegen, unterbevölkert und notorisch strukturschwach war, machten die Nationalsozialisten das Land der Moore zum grausigen Exerzierplatz. 15 Arbeitslager gab es in der Region nach 1933 – von Wietmarschen bis Esterwegen, für ›Schutzhäftlinge‹ und ›Volksschädlinge‹, die eine wildgewordene SA anlieferte. Besuchern präsentierte man die Lager als Zeichen einer ›neuen‹ (von stromgeladenen Stacheldrahtzäunen umfriedeten) ›Ordnung‹, die zu errichten man hier Pazifisten, Intellektuellen, Homosexuellen, Gewerkschaftern und ›Arbeitsunwilligen‹ zynisch Gelegenheit bot. Ihre Aufgabe: Mit dem Spaten in der Hand das Land zu entwässern im Rahmen eines – utopischen – zehnjährigen ›Reichskultivierungsplans‹. ›Vernichtung durch Arbeit‹ aus Sicht der Betroffenen, ›produktiver Strafvollzug‹ im Jargon des Regimes.

In Börgermoor bei Papenburg, wo 1933 das erste Lager entstand, bemüht sich das Dokumentations- und Informationszentrum DIZ Emslandlager um Aufklärung über die dunklen Jahre. Mindestens 11000 Häftlinge hat man allein für das Jahr 1937 errechnet – und für die Weltkriegsjahre zwischen 18000 und 35000 Tote allein unter den sowjetischen Kriegsgefangenen, die hier ab 1941 zunehmend interniert und systematisch ausgehungert wurden. ›Wir sind die Moorsoldaten / und ziehen mit dem Spaten ins Moor‹ – das Lied entstand hier. Damit es nicht vergessen wird, wünscht man dem DIZ in Börgermoor viele Besucher.

△ Wildwest in Lathen: Rodeo auf dem Ponyhof ›Junkern Beel‹ im Ortsteil Hilter

Motodrom für Minis: Gokart-Rennbahn Dankern ▽

△ Höhe Null: Transrapid im Test bei Lathen

Erlkönigs Reich: die Mercedes-Teststrecke von Börgermoor ▽

Immer geradeaus: Paddler im Bourtanger Moor ▽

△ *Schloss Dankern bei Haren: Rund um das alte Herrenhaus … … erstreckt sich ein Ferienpark der Superlative* ▽

Fliegen auf Höhe Null

›Hier wächst die Zukunft – The future thrives here.‹ Das Technikprojekt, mit dessen Zugkraft (im wörtlichen Sinne) die Gemeinde Lathen zweisprachig um Besucher wirbt, war wie das Emssperrwerk nie unumstritten. Für die Besitzer der Vorgärten, durch die der Transrapid in Mecklenburg und Holstein auf der viel diskutierten ›Referenzstrecke‹ Hamburg–Berlin fahren sollte, war klar, dass das Ganze ein Milliardengrab sei; für die Region, in der die Tests stattfinden, war der Stelzenflitzer dagegen seit den 1980er-Jahren ein Arbeitsplatzgarant.

Als im Frühjahr 2000 die Referenzstrecke gekippt wurde, waren die Gesichter im Emsland deshalb lang. In den Besucherzentren in Dörpen und Lathen erhielt man nur noch spärlich, falls überhaupt, Auskunft, und in der Zeitung stand, dass ein holländischer Vergnügungspark interessiert sei, die Superbahn zu übernehmen. Dann kam eine chinesische Regierungsdelegation, lächelte mit Bundesverkehrsministerialen um die Wette und zeigte sich von dem Projekt ›Fliegen auf Höhe Null‹ sehr beeindruckt.

Wird also in Asien irgendwann ein Schuh daraus? Zumindest hat die Stimmung in den beiden Besucherzentren ›Höhe Null‹ wieder verlassen. Und wer einmal da ist, sollte die vierzig Mark für die Probefahrt wirklich investieren. 31,5 Kilometer misst die lange Acht, auf der man dafür entlangrast, im jüngsten Modell der 1974 von Thyssen Henschel begonnenen Bauserie, dem 450 Stundenkilometer schnellen, völlig verschleiß- und berührungsfrei von Magneten angetriebenen ›Transrapid 08‹. Und unter den Stelzen auch hier, wir sind im Emsland, die Kühe …

Emsschiff und Wackelfahrrad

Für Fortbewegungsmittel der gemächlicheren Art ist Haren an der Ems bekannt. An einem stillen Kanal neben der Stadt malen die Segler des Schifffahrtsmuseums nostalgische Silhouetten gegen den Himmel. Sie erinnern daran, dass Schiffe in Haren bis heute die wichtigste Einkommensquelle sind. 60 Binnen- und 100 Seeschiffe sind hier beheimatet, und die Werftbetriebe,

△ Clemenswerth: der zentrale Pavillon des einzigartigen Jagdschlosses … … und das Innere der Kapelle ▽

Unikum bei Sögel: die Wind- und Wassermühle Hüvener Mühle ▽

△ Gut Altenkamp in Aschendorf feiert ein Barockfest: ›Der Drost lädt ein‹ …

△ … zu Pavane und Sarabande in historischen Kostümen …

… und zum Armbrustschuss auf den hölzernen Vogel ▽

heute am Neuen Hafen angesiedelt, blicken auf eine Jahrhunderte lange Tradition zurück.
Eine Institution, wenn auch ganz anderer Art, ist auch Schloss Dankern westlich Haren: Mit 203 Hektar ist es die größte geschlossene Freizeitanlage Deutschlands. Rund um ihr Wasserschloss von 1680 legten die Freiherren von Landsberg-Velen ab 1970 eine Ferienhauskolonie an einem eigens ausgehobenen Badesee mit drei Kilometern Sandstrand an – eine Spielwiese der Superlative mit 66 Ferienhäusern, Deutschlands größtem überdachten Spielplatz, Kino, Spaßbädern, Golfplatz, Ultraleichtflugplatz, Wasserskianlage, Kartbahn, Tauch- und Surfkursen oder Ponyreithalle … Was sich liest wie das Verzeichnis eines Freizeitführers für eine ganze Region, kommt in Dankern alles aus einer Hand. Und macht nicht nur Kindern Spaß: Auf dem ›Wackelfahrrad‹ zu fahren, das jedenfalls probieren auch die Großen gern.

Die Acht von Clemenswerth

Dreißig Kilometer weiter östlich liegt Sögel im waldreichen Hümmling. Zum Wandern oder auf Findlingstour kommt man hierher – oder um die ›Emsländer Barockperle‹ zu besuchen: Clemenswerth. Es lohnt sich. Clemens August von Bayern, der prunkvernarrte Kurfürst und Erzbischof von Köln, zugleich Fürstbischof von Osnabrück, Münster, Hildesheim und Paderborn sowie Hochmeister des Deutschen Ordens, ließ an dem Ort dieses Namens einst zur Jagd auf das Groß- und Niederwild blasen, das man heute nur noch selten zu Gesicht bekommt.
Das dazu passende Schloss ließ er sich bis 1747 von Johann Conrad Schlaun, dem damaligen Stararchitekten, errichten – als Zeichen seines Ordnungswillens in triumphaler Symmetrie: In der Mitte steht ein pagodenartiger Zentralbau, um ihn herum sind acht Pavillons gruppiert, in gemessenem Abstand von der Mitte, am Ende sternförmig vom Hauptbau fortlaufender Alleen. Diese Schneisen sind vom Haupthaus her einzusehen – der Bischof behielt seine Lieben gern im Blick. Und wohl nicht von ungefähr trugen die acht Pavillons die Namen seiner Besitztümer – genau acht an der Zahl.

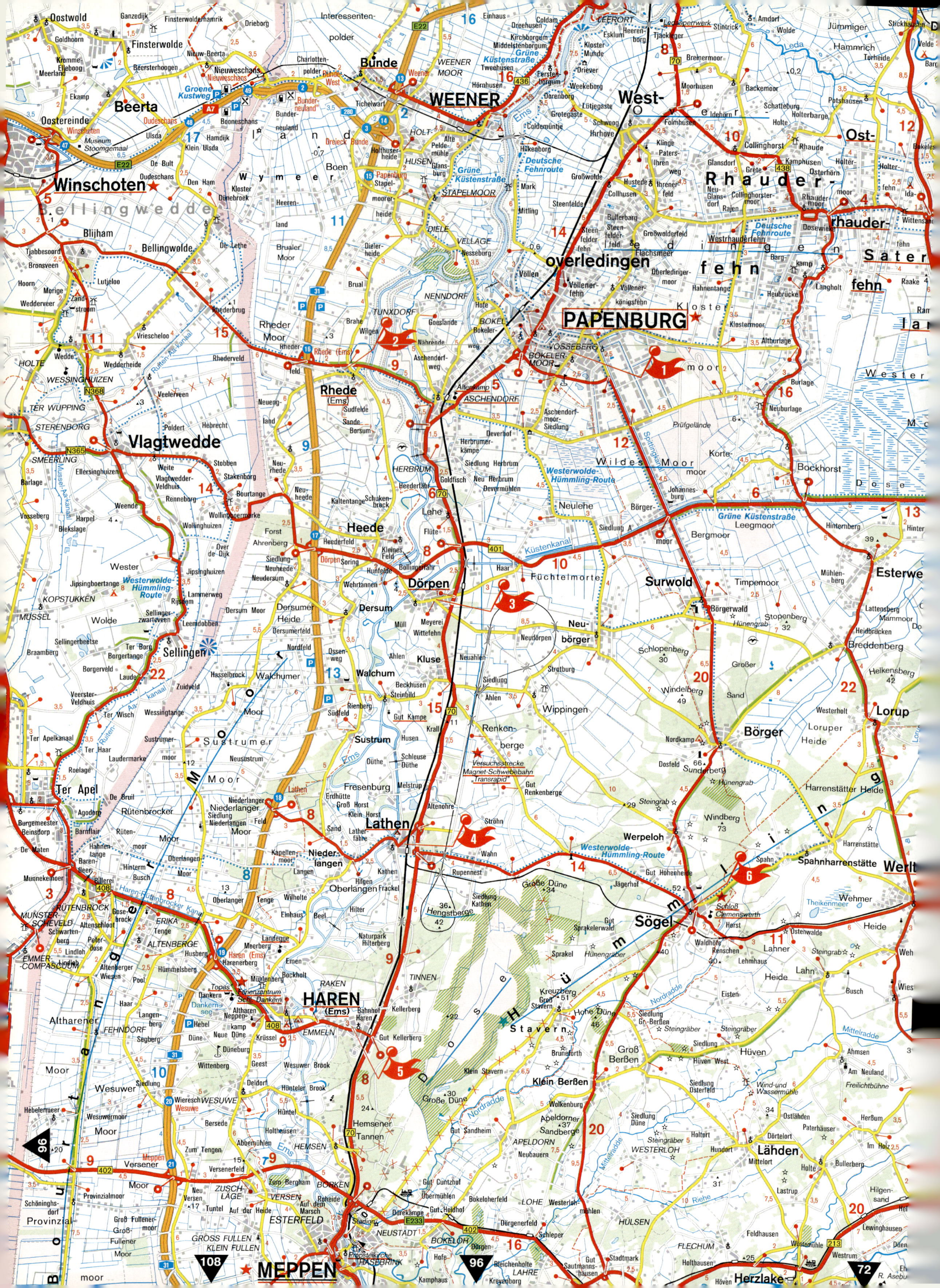
Oostwold
Finsterwolde
Beerta
Nieuweschans
Bunde
WEENER
LEERORT
West-
Oostereinde
Winschoten
Bellingwedde
Bellingwolde
Blijham
Stapelmoor
Ihrhove
Rhauder-
fehn
Ost-
rhauder-
Sater-
overledingen
PAPENBURG
Aschendorf
Rhede (Ems)
Vlagtwedde
Ter Apel
Sellingen
Heede
Dörpen
Dersum
Kluse
Walchum
Sustrum
Lathen
Niederlangen
Oberlangen
Fresenburg
Neubörger
Börger
Surwold
Esterwegen
Lorup
Werlte
Sögel
Spahnharrenstätte
Wippingen
Renkenberge
Werpeloh
HAREN (Ems)
Stavern
Groß Berßen
Klein Berßen
Hüven
Lähden
Herzlake
MEPPEN
Versen
Emmer-Compascuum
Rütenbrock
Altenberge
Wesuwe
Hemsen
Apeldorn
Westerloh
Hülsen
Flechum
Grüne Küstenstraße
Deutsche Fehnroute
Westerwolde-Hümmling-Route
Küstenkanal
Versuchsstrecke Magnet-Schwebebahn Transrapid
Schloß Clemenswerth
Bourtanger Moor
Hümmling
Dose
96
108
96
72

Wo gibt es was?

Fähnchennummer = Textnummer ❶ = Auskunft

Papenburg ①

Die älteste und größte Fehnkolonie Deutschlands (35 000 Einw.) überrascht durch ihr Stadtbild mit schmalen Kanälen mit alten Segelschiffen und zierlichen Brücken. Die namengebende Wasserburg ›Papenborg‹, im 14. Jh. mitten im Moor, war Stützpunkt des Bischofs und Landesherrn bei Reisen nach Ostfriesland. Bekannt die Schiffbautradition: Noch heute gehen Kreuzfahrtschiffe der 1795 gegründeten Meyer-Werft (2 km westl. der Stadt) in die ganze Welt; zur Werftbesichtigung (ca. 1 Std., Anm. Tel. 04961/82221) starten die Busse ab Verkehrsamt.

Sehenswert sind das Emslandmuseum für Industrie und Technik (di–so 11–17 Uhr) in einer alten Ölmühle (1873) beim Kultur- und Freizeitzentrum Forum Alte Werft (200 Jahre alte ehem. Hallen der Meyer-Werft; Tel. 9200), die 1948 umgebaute romanische Amanduskirche, das neobarocke Rathaus (1913; davor die Brigg ›Friederike‹, 1989), das Heimatmuseum ›Altes Amtshaus‹ (März–Nov. di–so 14–17.30 Uhr) im ältesten Gebäude Papenburgs und das Freilichtmuseum Von-Velen-Anlage (mit ›Papenbörger Hus‹ von 1820; April–Okt. tgl. 9–18 Uhr).

Umgebung: In *Aschendorf* (6 km südwestl.) das barocke Gut Altenkamp (um 1730) mit Ausstellungen der Stiftung Preußischer Kulturbesitz (Mai–Okt. di–so 10–17 Uhr) und Parkanlage. In *Börgermoor* (11 km südl.) das Dokumentations- und Informationszentrum Emslandlager (DIZ; di–fr, so 10–17 Uhr), Geschichte der nationalsozial. Arbeitslager 1933–1945.

Aktivitäten: Bootsrundfahrten im Seehafen (Karfreitag–Okt. mi–mo 11.15, 14.15, 16.15 Uhr), Tagesfahrten zur Nordseeinsel Borkum mit Katamaran ›MS Nordlicht‹ (Mai–Sept.; Tel. 82331); Golf (Tel. 99800); Wandern (geführte Spaziergänge durch Natur-pur-Infozentrum, Tel. 974026), Frei- und Hallenbad; Radfahren, Reiten; Segelfliegen, Rundflüge (April–Okt.; Tel. 75418); Kanufahren; Radwandern.

Veranstaltungen: Julimarkt, Anf. Okt. Michelmarkt, Mitte Aug. Blumenschau und Augustmarkt (Ende) mit Viehmarkt und Feuerwerk, Schiffsauslieferung der Meyer-Werft (Termine über Verkehrsamt).

❶ Fremdenverkehrsamt, Rathausstr. 2, 26871 Papenburg, Tel. 04961/82331, Fax 82330, www.papenburg.de

Rhede ②

Rhede (4180 Einw.) gehört zu den noch jungen Ferienorten im Emsland.

Sehenswert sind die Alte Kirche von 1470, heute Gedenkstätte für die Opfer des Nationalsozialismus im Emsland (April bis Okt. 8–20, März–Nov. 8–18 Uhr) und das Landwirtschaftsmuseum (alte Maschinen und Geräte, di–so 10–18 Uhr).

Aktivitäten: Kutsch- und Planwagenfahrten (Tel. 04964/1417 oder 1245), Reiten, Angeln.

❶ Gemeinde, Emsstr. 8, 26899 Rhede, Tel. 04964/918234, Fax 918225.

Dörpen ③

Die 4400-Einw.-Gemeinde ist bekannt als einer der beiden Standorte der Transrapid-Teststrecke.

Sehenswert: Ein großes Infozentrum an der 31,5 km langen Teststrecke gibt Auskunft über die Entwicklung der Magnetschnellbahn (Vortrag mit Filmvorführung und Besichtigung der Versuchsstrecke, mo–fr 10–17, so 14–17 Uhr, Tel. 1229). Gegenpole zu der viel und immer wieder kontrovers diskutierten modernen Verkehrstechnik sind die 1000-jährige Linde am Markt und das Heimathaus (Tel. 04963/ 40225).

Umgebung: In *Neubörger* (9 km östl.) historischer Dorfplatz; in *Wippingen* (9 km südöstl.) eine Holländische Durchfahrtsmühle (18. Jh.); in *Heede* (6 km westl.) eine weitere 1000-jährige Linde und das Naherholungsgebiet Heeder See mit Badestrand; in *Kluse* (4 km südl.) das Wasserschloss Gut Campe (17. Jh.).

Aktivitäten: Reiten, Wandern, Radfahren, Angeln; Wasserski am Heeder See.

❶ Tourist-Information, Hauptstr. 25, 26892 Dörpen, Tel. 04963/40225, Fax 40230, www.gvi.de/doerpen

Lathen ④

Auch das 1150 Jahre alte Lathen (10 750 Einw.) liegt an Transrapid-Teststrecke.

Sehenswert ist die Präsentation ›Transrapid – System und Technik‹ (ca. 2 Std.) beim Gäste-Info-Service (Tel. 6647). Außerdem die Vituskirche (16. Jh.)., ein Lokomotivdenkmal und der klassizistische Brunnen am Markt.

Umgebung: Windmühle in *Hilter* (5 km südl.); interessante große Gulfhäuser (ostfriesische Hofhäuser) in *Sustrum* (9 km nordw.). In Hilterberg (8 km südl.) ein ›Erlebnistierpark‹ mit u.a. tgl. Dressurvorstellungen im Zirkuszelt, Streichelzoo und großem Park mit über 200, meist frei lebenden Tieren (tgl. 9–18 Uhr, letzter Einlass 17 Uhr).

Aktivitäten: Wandern, Radfahren, Angeln, Kanufahren; Reiterferien auf dem Ponyhof Junkern-Beel in Hilter (6 km südl.; Tel. 05933/1694).

❶ Haus des Gastes, Große Str. 3, 49762 Lathen, Tel. 05933/6647, Fax 6666, www.lathen.de

Haren ⑤

Die Stadt an der Ems (22 500 Einw.) ist geprägt von ihrer Verbundenheit mit dem Wasser und der (Binnen-)Schifffahrt.

Sehenswert das Wahrzeichen der Stadt, die wegen seiner imponierenden Dimensionen ›Emsland-Dom‹ genannte St.-Martinus-Kirche (1853–1908), die Clemenskirche im OT *Wesuwe* (1509), das eine Brücke von der getreidelten Bauern- zur Küstenschiffahrt schlagende Schifffahrtsmuseum am Haren-Rütenbrock-Kanal (Mai bis Okt. di, sa 14–17, so 14.30–17.30, mi 10–12 Uhr), die Werften und die Bauernmarkthalle (mo–fr 9–18, sa 8–13 Uhr). Etwas außerhalb das Mühlenmuseum in der Kappenwindmühle Mersmühle (Mai–Okt. di–sa 14–17, so 14.30–17.30, mi 10 bis 12 Uhr), die Herrensitze Haus Landegge (1695) und Gut Düneburg (1729) sowie das Wasserschloss Dankern (1680) mit riesigem (Kinder-) Ferienzentrum (Tel. 05932/ 72230; www.schloss-dankern.de).

Aktivitäten: beheiztes Wellenfrei- und Erlebnisbad ›Topas‹ (Mitte März–Okt. tgl. 10 bis 20 Uhr), Kartfahren (Emslandring Dankern, Tel. 05932/69518), Segelfliegen (Flieger-Club Haren-Dankern, Tel. 05932/ 5361), Planwagenfahrten (Schloss Dankern oder auch Reiterpension Lüssing, Tel. 05932/71222); außerdem Tauchkurse und Wasserski-Seilbahn; Emsfahrten (Fahrgastschiff ›Amisia‹, Tel. 05932/71313); Golf (Gut Düneburg, Tel. 05932/72740); Radfahren, Reiten, Kanufahren und Windsurfen.

Veranstaltungen: Stadtfest im Sommer, Weihnachtsmarkt.

❶ Touristikverein, Neuer Markt 1, 49733 Haren/Ems, Tel. 05932/71313, Fax 71515, www.haren.de

Sögel ⑥

Die Gemeinde (6400 Einw.) ist eine der ältesten im Emsland und blickt auf eine über 1100-jährige Geschichte zurück.

Sehenswert ist das von dem Münsteraner J. C. Schlaun 1736–1746 erbaute Barockschloss Clemenswerth (mit Emslandmuseum, Keramikmuseum, Töpferei und Kunstausstellungen; April–Okt. di–so 10 bis 12.30, 14–18 Uhr). In seinem Glanz verblassen die Jakobuskirche (urspr. 12. Jh.) mit ihrem Taufstein und das Alte Amtshaus Ludmillenhof (Anf. 19. Jh.).

Umgebung: In *Hüven* (7 km südl.) die einzige Wind- und Wassermühle Europas (um 1800); in *Groß Berßen* (10 km südl.) vorgeschichtl. Stein- und Hügelgräber; in *Lorup* (14 km nordöstl.) ein alter Eichenbrink mit Teich in der Ortsmitte; in *Surwold* (16 km nördl.) Waldmuseum (Mai–Sept. tgl. 10 bis 18 Uhr) mit 32 m hohem Aussichtsturm und Märchenwald.

Aktivitäten: Planwagenfahrten, beheiztes Waldfreibad; Wandern, Radfahren, Reiten.

Veranstaltungen: Frühlingsfest im Mai, im Herbst Schleppjagd auf Clemenswerth.

❶ Tourist-Information, Schlaunallee 1, 49751 Sögel, Tel. 05952/20627 oder 9137, Fax 200666 oder 9138.

Binnenschiff auf dem Dortmund-Ems-Kanal bei Lingen: Die schnurgerade Wasserstraße machte Emden zum Außenhafen des Ruhrgebiets.

Immer an der Ems lang, von Meppen nach Lingen

›Immer mitten drin‹, sagt das Maskottchen Tim, ist man in Meppen, der Kreisstadt mit dem erstaunlich gut erhaltenen historischen Stadtbild. Mit Lingen, der größten und lebendigsten Stadt im Emsland, und der alten Kornbrennerstadt Haselünne bildet sie ein Dreieck von Orten, die sich bestens ergänzen. Und dazwischen? Fluss und Moor – vor allem Moor. In Groß Hesepe bei Geeste wird seiner Ökologie, seiner Geschichte und seiner Faszination auf den Grund gegangen.

Bummeln vor Meppens gründerzeitlichen Fassaden ▽

△ Historisches Lingen: Marktplatz mit altem Rathaus …

… und das ›Doktorhaus‹ der einstigen Universität ▽

△ Im Zentrum Meppens steht das Rathaus mit seinem schönen Giebel im Stil der Renaissance

△ Meppen am Wasser: Yachthafen … … und der Zusammenfluss von Hase und Dortmund-Ems-Kanal ▽

Um halb neun marschiert der Stadtwächter los, zeigt Rathaus, Gymnasialkirche und Propsteikirche. Und demonstriert den Besuchern des bereits unter Karl dem Großen gegründeten Meppen, dass man es nicht nur als Heimat eines unerschrockenen Fußballclubs in Erinnerung behalten sollte, der '96 fast im Sturm die zweite Liga eroberte. Denn zum einen ist die 35000-Einwohner-Stadt kein Kuhkaff mehr: Als 1977 über die ›Hauptstadt‹ des neu zu gründenden Emslandkreises entschieden wurde, erhielt eben Meppen und nicht die Rivalin Lingen den Zuschlag. Und zum zweiten hat es – wie Lingen – durchaus historisches Flair.

Zwei ›Hauptstädte‹

Dennoch muss man sie in einem Atemzug nennen: Meppen ist ein paar Jahrzehnte älter, Lingen 20000 Seelen größer, doch beide zusammen sind sie die Hauptstadt der Region. Beide bieten hübsche Altstädte mit schmuckem Rathaus, alten Kirchen und noch erkennbaren mittelalterlichen Befestigungsringen, beide haben ihre Kulturstätten, Museen und Großveranstaltungen.

Und Eigenarten, die erst zusammen ein Spiegelbild des Emslandes ergeben: Meppen ist katholisch, war im Dreißigjährigen Krieg ein Zentrum der jesuitischen Gegenreformation. Lingen, das damals lange den Holländern gehört hatte, ist eher protestantisch geprägt. Daher ist die ›Kreuztracht‹ am Karfreitag Meppens größtes Schauspiel, Lingen dagegen feiert alle drei Jahre mit großem Aufwand das Fest der ›Kivelinge‹, einer Kompanie unverheirateter Bürgersöhne, der im 18. Jahrhundert die Stadtverteidigung oblag. Meppen nennt einen katholischen Denker, den Mitgründer der Zentrumspartei Ludwig Windthorst (1812–1891), als größte Ortspersönlichkeit, Lingen dagegen die Professoren der Universität, die 1697 im ›Doktorhaus‹ am Markt gegründet wurde.

Und das Angebot an Erlebenswertem? Gewiss ist Lingen, schon seiner Größe wegen, kulturell aktiver. In den Emslandhallen finden Modenschauen ebenso wie riesige Viehmärkte statt, auf der Wilhelmshöhe werden Opern, Musicals und Revuen

△ *Geeste-Groß Hesepe: Stars des Moormuseums sind die mächtigen Ottomeyer-Pflüge, mit deren Hilfe das Moor kultiviert wurde*

△ *Torfabbau in Schöninghsdorf*

△ ›Siedlertag‹ im Moormuseum: Kinder lernen Torf zu stechen und in Großmutters Küche Buchweizenpfannkuchen zu backen ▽

Lehrpfad im Moorgebiet Speller Dose ▽

Ausstellungsraum im Moormuseum Groß Hesepe ▽

Schöninghsdorf im Bourtanger Moor: Heute wird der Torf mit Baggern ›gestochen‹ ▽

aufgeführt, und das Theaterpädagogische Zentrum darf mit seinen Workshops und Festivals für Kinder den Anspruch erheben, das fortschrittlichste seiner Art im Lande zu sein. In Meppen – mögen die Jungs vom Fußballclub auch wieder in der vierten Liga kicken – tut sich ebenfalls einiges: Auf der Freilichtbühne wird ›Peter Pan‹ gegeben – und am nächsten Tag die ›Rocky Horror Picture Show‹. Und spätestens wenn man in die Altstadt spaziert, erfährt man: Geografisch ›mitten drin‹ im Emsland ist man nur hier am Meppener Rathaus, in dem ›Tim‹, das Maskottchen der regen Tourist-Information beheimatet ist, die von hier aus ebendiesen Stadtslogan proklamiert.

Rückständigkeit?

Grund genug zu feiern: Am 5. Mai 2000 waren es 50 Jahre her, seit der Deutsche Bundestag den ›Emsland-Plan‹ verabschiedet hatte. Das berühmte Maßnahmenpaket zur ›Erschließung der Ödländereien des Emslands‹ verschaffte der Region, die seit Jahrhunderten als Deutschlands Armenhaus galt – abseitige Lage, ertragsarme Böden, schlechte Verkehrserschließung sind die Stichworte –, endlich Anschluss an das übrige Deutschland.

Gerade in der Zeit nach dem Krieg war das Emsland wie abgeschnitten vom Rest der Welt. ›Während sie in Hamburg oder München schon das Wirtschaftswunder genossen, hockten wir hier noch am Plaggenfeuer.‹ Der das sagt, hat es zwar selbst nicht erlebt – dafür ist er zu jung. Doch als Direktor des Moormuseums in Groß Hesepe weiß er, wovon er spricht.

Und er spricht gern davon. Anschaulich erzählt er von der angespannten Ernährungslage jener Jahre, von der hohen Flüchtlingszuwanderung – Haren etwa hatte in den Nachkriegsjahren mehr Zuwanderer als Einheimische –, von den Gebietsforderungen der niederländischen Nachbarn. Und vom Moor und den gewaltigen Maschinen, mit denen man dem schwarzen Boden zu Leibe rückte. Ottomeyer hieß die Firma aus Bad Pyrmont, die die Schlachtrösser herstellte: Dampfpflüge mit haushohen Pflugscharen, über 30 Tonnen schwer – die größten der Welt. Vor dem Museum stehen diese

△ Ferien pur: mit Ziegen und Kaninchen auf einem Pony- und Eselhof in Spelle

Freren: Die große Kirche beherrscht das Dorfbild ▽

△ Bald auszumustern? Das Lingener AKW

›Kopfnicker‹ bei Twist: Erdölförderpumpen im Bauernland ▽

△ Lengerich: Angler am kleinen See bei Ramings Wassermühle

Andervenne bei Freren: Kutschenfahrstunde auf dem Hof Peters ▽

Dinosaurier der Landwirtschaft, zusammen mit eisenbereiften Bulldozern, und drinnen kann man sie in alten Wochenschaufilmen – ›etwas pathetisch, aber lehrreich‹, sagt der Direktor – bei der Arbeit erleben.
Fast 40 Jahre, bis zu ihrer Auflösung 1989, war die mit dem Emsland-Plan gegründete ›Emsland GmbH‹ Garant des Strukturwandels an der Ems. Unter ihrer Ägide wurden schier endlose Moorflächen trockengelegt, für Getreideanbau und Viehweiden nutzbar gemacht, wurden Straßen gebaut und Siedlungen errichtet. Keinesfalls aber ist das Moor dadurch verschwunden.
Mittlerweile bemüht man sich auf ausgewiesenen Flächen sogar um seine Wiederherstellung, und im Westen der Region wird weiter Torf abgebaut. Niemand heizt damit noch einen Kamin, doch ist Torf als wertvoller Rohstoff in der Pflanzenzucht, bei der Pharmazeutikaherstellung und bei der Trinkwasseraufbereitung längst unverzichtbar geworden. Zu sechzig Prozent etwa bestehen Aktivkohlefilter aus Torfsubstanz – eine von vielen überraschenden Erkenntnissen, die man aus Groß Hesepe mit nach Hause nimmt.

Erdölförderung bei Twist

Deshalb weiter mooreinwärts, nach Nordwesten, ins Bourtanger Moor, das größte Torfabbaugebiet Deutschlands. In seiner Mitte, bei Schöninghsdorf, steht ein etwas museal wirkendes Torfwerk, umringt von Feldbahnschienen, die sich in der braunen Wüste verlaufen. Auf Straßen, die von schnurgeraden Kanälen begleitet werden und erst am Horizont enden, fährt man südwärts nach Twist, das fast schon in Holland liegt. ›Tellereben‹ – wenn dieser Begriff irgendwo zutrifft, dann für diese melancholische Landschaft.
Lastzüge poltern an Aussiedlerhöfen vorbei, und plötzlich, an einer Straßenkreuzung, wippen ›Kopfnicker‹: Hier wird Erdgas und – in weit größeren Mengen – Erdöl gewonnen, das diese Tag und Nacht arbeitenden Pumpen zu Tage fördern. Nur zwei Prozent des Öls, das in Deutschland verbrannt wird, kommt aus heimischen Gebieten, doch davon über 40 Prozent aus den Landkreisen Emsland und Grafschaft Bentheim, an

△ Haselünne: In Berentzens Brennereimuseum wird der Korn in Steingut gefüllt

Im Wacholderhain bei Haselünne ▽

△ Haselünne: Westerholtscher Burgmannshof mit Pförtnerhaus

△ Sorgsam bewacht: Kupferkessel in einer Haselünner Brennerei

Wassersport in Lingen: Kanuten beim ›Hanekenfähr‹ ▽

Feuchtfröhliche Hasefahrt ▽

dessen Grenze Twist liegt. Schon 1949, zur Startzeit des Emsland-Plans, wurde hier gebohrt, und Twist, das von Beginn an – vom Fahrzeugbau bis zur Kunststoffproduktion – auch andere Gewerbe ansiedelte, ist heute ein gesunder Wirtschaftsstandort mit wachsender Bevölkerungs- und Arbeitsplatzzahl. Je reger das Völkchen, desto aktiver die Kultur: Dass dies stimmt, beweist das Heimathaus Twist, dessen Programme bei Traditionalisten schon mal Entsetzensschreie provozieren. Denn nicht Volkstanz oder Handarbeitskurse stehen hier auf dem Programm, sondern Jazz und Blues. Jeden Monat drei-, viermal, mit Bands, die Hot Dogs, Knight Rider oder Popa Chubby heißen und aus Chicago, Dublin oder Manhattan anreisen!

Korn aus Haselünne

Haselünne kennt man aus der Fernsehwerbung: Die Stadt mit dem lustigen Namen – ›lunni‹ nannte man wohl Rundhölzer, die man hier früher in den flachen Fluss legte, um darauf die Hase zu überqueren – ist die Heimat des Apfelkorns. Das merkt man gleich, wenn man herkommt. Der Markt heißt Hopfenmarkt – vor Korn handelte man hier mit Bier –, und die Firma, die ihren Erfolg eben jenem mit Apfelaroma versüßten Getränk verdankt, residiert in den hübschesten Bauten des Städtchens, drei perfekt restaurierten Burgmannshöfen aus dem Mittelalter, mit einem Speicher aus dem 17. Jahrhundert als Pförtnerloge.
Im 18. Jahrhundert hielt der Korn hier Einzug. ›26 Fuselbrenner‹ wurden bereits 1758 erwähnt, und 1832 kennt man keine Brauer mehr, sondern nur noch sechs Brenner. Im Bentinckhof, früher eine Mälzerei, hat die bis heute größte der Brennereien ihr hauseigenes Museum eingerichtet; im Haupthof wird ein rustikales Rittermahl serviert.
Und wer auch in seiner Freizeit ein bisschen ›Geist‹ gebrauchen will, kann im nahen Wacholderhain das launige ›Wacholder-Abitur‹ ablegen. Man muss dazu ein wenig sportliches Geschick beweisen, ein paar Fragen zur Vogel- und Pflanzenkunde beantworten – und vor allem ›Geist‹ benutzen. Durchgefallen ist bisher noch keiner.

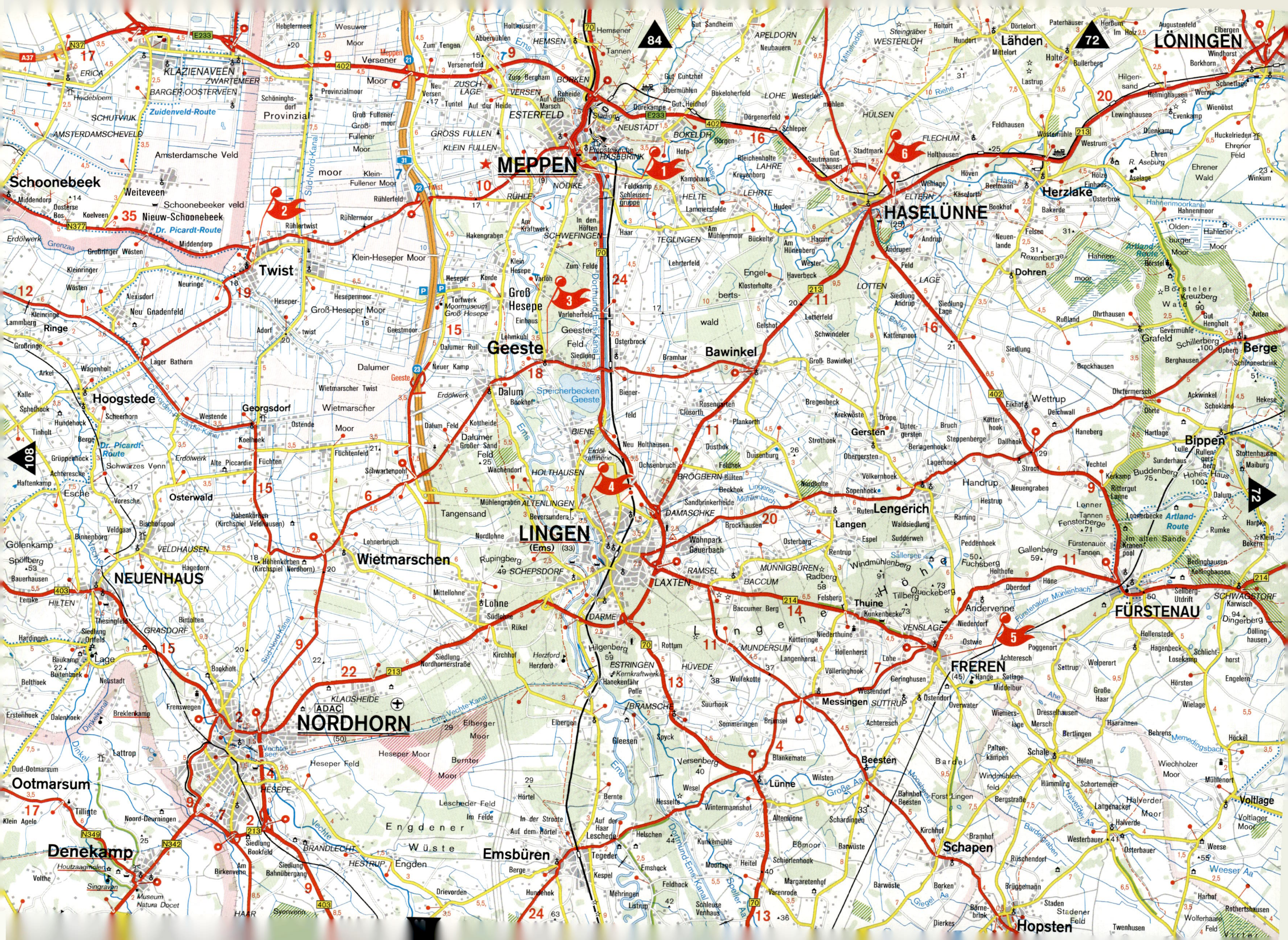

LÖNINGEN
Lähden
HASELÜNNE
Herzlake
MEPPEN
Twist
Schoonebeek
Nieuw-Schoonebeek
KLAZIENAVEEN
Geeste
Groß Hesepe
Bawinkel
Gersten
Lengerich
Wettrup
Berge
Bippen
FÜRSTENAU
LINGEN (Ems)
Wietmarschen
Hoogstede
Georgsdorf
NEUENHAUS
Osterwald
NORDHORN
Ootmarsum
Denekamp
Emsbüren
FREREN
Thuine
Messingen
Beesten
Lünne
Schapen
Hopsten
Voltlage
84
72
108

Wo gibt es was?

Fähnchennummer = Textnummer   ℹ = Auskunft

Meppen ①

Die lebhafte Stadt (35000 Einw.) an Hase, Ems und Dortmund-Ems-Kanal, 834 erstmals erwähnt und 945 von Kaiser Otto I. mit Münz-, Markt- und Zollrecht ausgestattet, ist seit 1977 Sitz der Verwaltung des Landkreises Emsland.

Sehenswert: Das Rathaus (15. Jh.) mit seinem kunstvollen Renaissancegiebel, die barocke Gymnasialkirche (1743–46; Innenausstattung u.a von Johann Conrad Schlaun, dem Erbauer Clemenswerths) und die Probsteikirche (15. Jh.) sind die Schmuckstücke der Altstadt, die ein ringförmiger Festungswall mit alten Bäumen noch vollständig umgibt. Stadtmuseum (di–do 10–12, 14–17, fr 10–12, 14–16, so 15–18 Uhr) und Archäologiemuseum (di bis sa 14–18, so 11–18 Uhr) erläutern die regionale Geschichte; Kunst wird in der Koppelschleuse (di–so 14.30–17.30 Uhr) und in der Kossenmühle ausgestellt. An der Einmündung der Hase in den Dortmund-Ems-Kanal die pittoreske Holländer-Höltingmühle (1639). Nördl. der Stadt das NSG ›Borkener Paradies‹ mit alten Eichen.

Umgebung: In *Bokeloh* (4 km östl.) an der Hase eine 1000jährige Kirche; in *Apeldorn* (10 km nordöstl.) prähist. Steingrab.

Aktivitäten: Schiffsfahrt mit der ›Amisia‹ (Juli–Okt. mi 15.45–17.45 Uhr), Kanufahren; Planwagenfahrten, Reiten; Ballonfahrten; Radfahren (Hase-Ems-Tour), Frei- und Hallenbad.

Veranstaltungen: ›Meppener Kreuztracht‹ (mittelalterl. Mysterienspiel) am Karfreitag, mittelalterlicher Markt Ende Mai, Hölting-Winzerfest Anf. Juli, Citylauf Anf. Sept., Weihnachtsmarkt.

ℹ TIM Tourist-Information Meppen, Markt 43, 49716 Meppen, Tel. 05931/153106, Fax 153330, www.meppen.de

Twist ②

In der Gemeinde (9400 Einw.) inmitten der endlosen Torfabbauflächen des *Bourtanger Moors* stehen die meisten Erdöl- und Erdgasförderanlagen des Emslands.

Sehenswert ist das Erdölmuseum im Heimathaus, das über die Lagerstättengeologie, Fördertechniken, Fördermengen usw. informiert (Tel. 05936/2151).

Veranstaltungen: Regelmäßig Jazz- und Blueskonzerte im Heimathaus (Tel. 2275).

ℹ Gemeinde, Flensbergstr. 1, 49767 Twist, Tel. 05936/93300, Fax 933044, www.twist-emsland.de

Geeste ③

Der Ort (10 800 Einw.) liegt am Rand des Moors, dessen Geschichte deshalb auch hier erzählt wird.

Sehenswert das Emsland-Moormuseum (di–so 10–18 Uhr) im OT *Groß Hesepe*, das die Großmaschinen ausstellt, die ab den 1950ern zur Moorabtorfung eingesetzt wurden (mit Freiluft-Maschinenpark und Museumshalle); außerdem gibt es begehbare renaturierte Moorflächen und einen kleinen Hof zur Wiederaufzucht aussterbender Haustierrassen – nicht nur für Kinder ein Erlebnis. Bei der Coppenrath Feingebäck GmbH im Ort kann man das ›Knusperlädchen‹ besuchen (Mai–Nov. tgl. 9–16, Dez.–April 9–11 Uhr).

Aktivitäten: Wassersport (Bootfahren, Surfen, Schwimmen, Grillplatz) am 180 ha großen Geester See südöstl. des Orts; naturkundl. Führungen zu einem 50 ha großen Feuchtbiotop in der Nähe (Anmeldung beim Verkehrsamt).

Veranstaltungen: Buchweizenblütenfest im Emsland-Moormuseum (Juli), Drachenfest am Geester See (Sept.).

ℹ Verkehrsamt, Am Rathaus 1, 49744 Geeste, Tel. 05937/69106, Fax 69103, www.geeste.de

Lingen ④

Attraktive Stadt, 975 von Kaiser Otto II. gegründet und im Dreißigjährigen Krieg als wichtige Festungsstadt abwechselnd von Oraniern und Spaniern besetzt. Ein kulturelles und wirtschaftliches Zentrum der Region. Mit 55 800 Einw. ist sie die größte Stadt des Emslandes.

Sehenswert: Am weiten Marktplatz das hist. Rathaus (17. Jh.), das ›Professorenhaus‹ der ›Universität‹ (eigentlich Lateinschule, in der bis 1819 gelehrt wurde), die Alte Posthalterei (1653; Postgebäude bis 1851) und das Haus der Kivelinge (1583) als eines der ältesten Bürgerhäuser der Stadt. In der Burgstraße der mit Inschriften reich verzierte Fachwerkbau Haus Hellmann (1641) und das Palais Danckelmann (17. Jh.). Wichtige Kultureinrichtungen sind das Emslandmuseum in einem ehem. Kutscherhaus (di–so 14.30–17.30 Uhr), die Kunsthalle (Malerei, Skulptur; di, mi, fr 10–17, do 10–20, sa/so 11–17 Uhr), das Theater an der Wilhelmshöhe und das Theatermuseum für Junge Menschen (so–fr 15–18 Uhr) im ›Professorenhaus‹. Interessant auch der Pulverturm mit Resten der alten Stadtbefestigung und der Gedenkort Jüdische Schule zur Geschichte der emsländischen Synagogengemeinden (Gertrudenweg; Info beim Verkehrsverein).

Umgebung: Wacholderhain in *Wachendorf* (8 km nördl).

Aktivitäten: Golf (Golfclub Emstal, Tel. 63837), Schiffsfahrten auf dem Dortmund-Ems-Kanal (Tel. 8090), Segelfliegen (Tel. 05908/688), Planwagenfahrten, Kartfahren (Tel. 3111), Kanufahren, Angeln; Radfahren (Hase-Ems-Tour), Wandern; Frei- und Hallenbad (Spaßbad ›Linus‹).

Veranstaltungen: Spinolamarkt (März), Kivelingsfest mit Aufzug unverh. Bürgersöhne (Mai, alle 3 Jahre, wieder 2002), Fest der Puppen (Sept.), große Viehmärkte in der Emslandhalle, Weihnachtsmarkt.

ℹ Verkehrsverein, Elisabethstr. 14–16, 49808 Lingen, Tel. 0591/9144142, Fax 9144149, www.lingen.de

Freren ⑤

Die Kirchgemeinde liegt in altem Bauernland mit alten Fachwerkhöfen.

Sehenswert sind die wuchtige Ortskirche von 1150 und das Rittergut Hange aus dem 14. Jh. (Besuch über Touristikverein).

Umgebung: In *Thuine* (4 km westl.) große Klosteranlage und Hünengräber; in *Lünne* (14 km südw.) das Emsländer Brauhaus (Tel. 05906/92060); in *Spelle* (15 km südl.) die denkmalgeschützte Hofanlage Wöhlehof. Am Weg nach *Lengerich* (8 km nördl.) das Erholungsgebiet *Saller See*, in Lengerich selbst das Torhaus einer alten Burg im Bürgerpark, die Wassermühlen Ramings Mühle (1711) und Hesemannsche Mühle sowie evang. Ortskirche mit Findlingsturm (12. Jh). In *Gersten* (12 km nördl.) Haus Lindemann mit rest. Fachwerk (Gasthof).

Aktivitäten: Frei-/Hallenbad; Radeln, Wandern (Moorlehrpfad Spelle, LSG Fallermoor in Lengerich), Kanufahren, Angeln; Reiten und Gespannfahren in *Andervenne* (4 km nordöstl.; Fahrstall Eichengrund, Tel. 7532); Fastenwandern.

Veranstaltungen: Frerener Oktobermarkt.

ℹ Touristikverein Freren-Lengerich-Spelle, Mühlenstr. 9, 49832 Freren, Tel. 05902/940800, Fax 940802.

Haselünne ⑥

Die älteste Stadt im Emsland (12 800 Einw., urspr. 4./5. Jh.) erhielt 1272 Stadtrecht durch die Grafen von Ravensberg.

Sehenswert sind die Pfarrkirche St. Vincentius (14./15. Jh.), das Brennereimuseum (Geschichte des Brennereiwesens und der Kornbrennerei Berentzen; do, sa 10.30 Uhr oder Tel. 502556), das Freilicht- und Heimatmuseum (Mai–Okt. mi, sa, so 15 Uhr oder Tel. 50932) und der Westerholtsche Burgmannshof (Ende 14. Jh.) mit Rittersaal. Auch die Kornbrennerei Rosche kann besichtigt werden (mit Verkostung; mo–fr n. V., Tel. 94550).

Umgebung: Südl. des Orts das Erholungsgebiet Haselünner See mit Wildgehege, Deutschlands größtem Wacholderhain und hübschem Hotel. In *Herzlake* (8 km östl.) Nikolauskirche (urspr. 1236).

Aktivitäten: Museumseisenbahn zwischen Meppen und Quakenbrück (Eisenbahnfreunde Hasetal, Tel. 05961/6865), Planwagenfahrten, Ballonfahren; Segeln (Haselünner See), Bootswandern (Hase), Frei-/Hallenbad; Wandern, Radfahren, Reiten.

Veranstaltungen: ›Haselünner See in Flammen‹ (Juli), Kornmarkt (Sept.).

ℹ Fremdenverkehrsamt, Krummer Dreh 18, 49740 Haselünne, Tel. 05961/50932, Fax 50950, www.haseluenne.de

Eine der eindrucksvollsten und besterhaltenen Festungsanlagen der Region ist die Burg von Bad Bentheim – rechts der Pulverturm.

Gräfliches Grenzland: Bentheim und Nordhorn

Aus der Grafschaft, das wissen alle Kinder, kommt der ›Goldsaft‹, der zuckersüße Rübensirup. Nordhorn und Neuenhaus, Uelsen, Emsbüren und Salzbergen, selbst die historische Hauptstadt des südlich an das Emsland grenzenden Landkreises Grafschaft Bentheim kennen dagegen wenige. Weil er am Rande Deutschlands liegt, eher nach Holland schaut als nach Hannover? Oder weil die Grafschaft bis 1806 unabhängig war von allen anderen großen Mächten? Vom eigenen Geist jedenfalls hat sich die Grafschaft einiges bewahrt. Man fahre los, am besten mit dem Rad, und lasse sich überraschen.

△ Nordhorns industrielles Erbe: Textilmuseum Povelturm

›Ein Weg durch das Moor‹ bei Bathorn: Kunst in der Landschaft ▽

△ Eine der großen Textilfabriken in Nordhorn

△ Fünf Kilometer lang ist der Skulpturenweg von Nordhorn: am Vechtesee der ›Parabolic Triangular Pavilion‹ aus Einwegspiegelglas

△ Sonntags laufen die Maschinen im Textilmuseum Povelturm, … … die Ausstellung ist außer montags täglich geöffnet ▽

Niedersachsens Holland – die Bezeichnung trifft zu. Weil man Nordhorn, für das der Slogan erfunden wurde, mit dem ›Vechtestromer‹ vom Wasser aus erkunden kann – wie Amsterdam. Weil man beim Bummel Giebelhäuser, Villen und Kirchtürme (mit Glockenspiel!) sieht, die auch in Edam oder Haarlem stehen könnten. Weil man an manchen Tagen in den Geschäften und Lokalen mehr Niederländisch als Deutsch hört. Und weil Nordhorn, wie Kritiker aus konservativeren Kommunen schon mal anmahnten, unter jungen Leuten als liberal gilt; ein gewisses Laissez-faire im Umgang mit sanften Drogen war damit gemeint, was es aber heute nicht mehr gibt. Tatsächlich hat man jedoch den Eindruck, dass man selten in einer Stadt dieser Größe soviele Straßenmusiker und Jongleure gesehen hat. Nordhorn wirkt lässig, wie Freiburg oder Aachen – wenn die Sonne scheint. Offenbar haben grenznahe Städte ein besonderes Flair.

Weben, Spinnen, Färben

Ein anderes Kapitel ist Nordhorns Vergangenheit – auch die ist nicht zu übersehen. Egal, aus welcher Richtung man in die Stadt einfährt, irgendwann steht man immer an einer Ampel im Schatten eines der riesigen Fabrikgebäude, in denen hier fast alle ihr Brot verdienten, als es noch keine Globalisierung und keine Konkurrenz aus Taiwan und der Türkei gab. Nordhorn ist eine Textilstadt. Oder besser: Es war eine Textilstadt. Mit den massenproduzierten ›Waterschürzen‹ der Firma Povel begann 1889 der Aufstieg der Kleinstadt, so rasant, dass sie in den 1920er-Jahren ›Klein-Amerika‹ genannt wurde. Fast alle hier lebten vom Weben, Spinnen und Färben; noch in den Achtzigern arbeiteten in der Firma Nino nahezu 6000 Menschen. Bis die Branche auf den Hund kam und die meisten Maschinen zu Museumsstücken wurden.

Als solche laufen sie nun sonntags: Im Ausstellungszentrum am Povelturm kann man eine komplett bestückte Maschinenhalle besichtigen, in der es rattert, zischt und scheppert, dass die Ohren summen. Später dann, bei der Vorführung eines

△ Die Uelsener Kirche, vorn die Stadtinformation

Der Rathausturm von Neuenhaus ▽

△ Holländischer Einfluss: Giebelhäuser in Neuenhaus

Das Kirchlein der Herrlichkeit Lage ▽

△ Für Romantiker: Park und Burgruine … … und die alte Wassermühle der Herrlichkeit Lage ▽

Schwarzweißfilms der ›Nordschau‹ aus den 1960er-Jahren, hört man dem Sprecher Werner Veigel zu, der erläutert, wie das alles damals funktionierte: Von ›Baumwollwickeln‹ – riesigen runden Rollen – und von ›Flyern‹ ist die Rede, von einer aus heutiger Sicht mühsamen und staubigen Angelegenheit. Gerissene Fäden wurden von ›Knoterinnen‹ von Hand wieder zusammengeknüpft – bloß keine Zeit verlieren. Dann weiter zum Weben: Die Schiffchen fliegen. Und schließlich zum Bleichen in der Strangbleiche …

Werner Veigels Stimme bleibt bei all diesen Erläuterungen so ruhig, wie man sie aus seinen abgeklärten Tagesschau-Lesungen kannte. Warum auch nicht, er hatte Gutes zu berichten. Denn die Sechziger waren in Nordhorn eine Zeit des Aufbruchs und des grenzenlosen Optimismus. Der Film ist ein Dokument dieser Wirtschaftswundereuphorie und allein schon deshalb die 20 Minuten Aufmerksamkeit wert.

Kunst in der ›Herrlichkeit‹

Noch näher dran an der ›Grünen Grenze‹ ist man in Lage bei Neuenhaus. In der ›Herrlichkeit Lage‹, um präzise zu sein, denn so heißt der ungewöhnliche Fleck korrekt. Er besteht aus ein paar Häusern, die man fast übersehen würde, wenn es keinen Kreisverkehr gäbe, und dann, hinter prachtvollen Eichenalleen versteckt, ein Herrenhaus samt Wassermühle, malerischer Burgruine im (leider hoch umzäunten und nicht zugänglichen) Park sowie Nebenhäuschen, in denen Keramik verkauft und Tee mit Gebäck gereicht werden.

Ein Ort so romantisch wie seine Geschichte: Bis 1806 war die ›Herrlichkeit‹ an der hier in die Vechte fließenden Dinkel ein Staat im Staate, mit eigener Gerichtsbarkeit. Die Bischöfe von Utrecht besaßen hier eine Burg, die 1626 zerstört wurde – die heute von Efeu überwucherte Ruine im Park. Dann kam der Westfälische Friede zu Osnabrück und Münster von 1648 – und das kleine Lage wurde bei den Gebietszuteilungen an die Mächte schlichtweg übersehen. Erst 1806, im Zuge der Säkularisation, verlor es seine Privilegien.

△ Schon im 12. Jahrhundert hart umkämpft: Burg Bentheim mit Kanonen

△ Für Glücksritter: Bad Bentheimer Spielcasino

Aus Sandstein: der ›Herrgott‹ von Bad Bentheim ▽

Diner mit Pappkameraden: Speisesaal der Bentheimer Burg ▽

△ Strategisch in bester Lage: die Burg von Bad Bentheim

Auch in Bad Bentheim gibt es noch einen Nachtwächter ▽

Gegenwärtig wird die ›Herrlichkeit‹ wieder einmal neu entdeckt – für ein kleines, aber feines Projekt der Kunst. Drei Künstler haben hier im Freien stehende Skulpturprojekte geschaffen, die Teil eines ›Kunstwegs‹ von Nordhorn hinüber ins niederländische Gramsbergen sind. Mit der ›Fietse‹, wie das Fahrrad bei den Holländern heißt, kann man den auf ganzer Strecke dem Vechtelauf folgenden Skulpturenpfad erkunden. Und wenn man genügend inspiriert ist, setzt man sich in der ›Herrlichkeit‹ mit einer Tasse Tee an die Wassermühle – und überlegt, wie ein Caspar David Friedrich diese Burgruine wohl gezeichnet hätte.

›Vorzüglich und feste Burg‹

Lothar von Süpplinburg – Gegenspieler Heinrichs V., als dieser noch kein deutscher Kaiser war – hat als erster von ihr erzählt: In seiner Chronik ›Annalisto Saxo‹, anno 1116 verfasst, berichtet er von der schweren Eroberung der ›vorzüglich und festen Burg‹ Bentheim, die zumindest regional schon damals eine überragende Bedeutung besessen haben muss.

Im Angesicht der massiven und kompakten Anlage versteht man noch heute, warum: Die Bentheimer Burg steht auf der Spitze eines immerhin rund hundert Meter hohen Felsens, der als nordwestlichster Buckel der deutschen Mittelgebirgskette in ansonsten flachem Land zur strategischen Nutzung in der Zeit der Ritter geradezu herausgefordert haben muss. Der ideale Baustoff dafür, der haltbare, aber dennoch gut zu bearbeitende Bentheimer Sandstein, lag zudem unter den Füßen.

Mit seinen klobigen Torhäusern, den dicken Schutzmauern über kleinen Fachwerkhäusern, dem Pulverturm mit seinen fünf Meter starken Wänden, dem dahinter liegenden Zwinger, der von schweren Eichenbalken gedeckten Kapelle und nicht zuletzt dem lauschigen Kräutergarten am unteren Burgplatz ist der Sandsteinkoloss eine Bilderbuchburg. Daran freuen sich die Kinder und die Romantiker unter den Besuchern, während Kunstfreunde geradewegs ins Museum eilen, um den ›Herrgott von Bentheim‹ zu studieren, ein steinernes Gerichts- oder Wegekreuz aus

Hinter Wassergräben: Gut Stovern in Salzbergen ▽

△ Traditionsreiches Emsbüren: Imker im Freilichtmuseum Heimathof …

… und Schwarzbrotbacken in Enkings Mühle ▽

△ Idyll mit Sankt Christopherus: im historischen Pfarrgarten von Emsbüren

△ Für Oldtimer-Freunde: Feuerwehrmuseum …

… und Denkmalslok in Salzbergen ▽

dem 12. Jahrhundert, das man 1828 fand und hierher brachte.
Welches Interesse auch immer man mitbringt – der Weg hinauf lohnt sich, schon der Aussicht auf die Stadt wegen. Und weil schließlich, wie es sich für ein solches Bauwerk gehört, noch heute ein Graf hier residiert: Die Fürsten zu Bentheim und Steinfurt, ein Erbtitel, den der preußische König 1817 verliehen hatte, sind die Besitzer.

Emsbürener Flussmäander

Emsbüren, der Name sagt es, liegt an der Ems und ist Bauernland. Vieles, was das Landleben interessant macht, ist zwar auch hier nur noch im Museum zu sehen – die Brotbackvorführungen im Heimathof sollte man sich, wenn Gelegenheit ist, nicht entgehen lassen –; Ruhe vor der Hektik der großen Stadt findet man hier gleichwohl.
Bei Kanufahrten auf den Schleifen der Ems zum Beispiel. Erst fünf Kilometer nördlich von hier, bei Gleesen, mündet der heute wichtigste Wirtschaftswasserweg des Emslands, der Dortmund-Ems-Kanal, in die Ems und macht den Fluss für Freizeitskipper zum ungemütlichen Fahrwasser. Bei Emsbüren und weiter südlich bis Salzbergen jedoch mäandert die Ems noch in ihrem Urstromtal in weit ausgreifenden Kurven durch die Wiesen. In Emsbüren wird noch Schwarzbrot hergestellt, eine nicht nur westfälische, sondern auch emsländische Spezialität.
Und bei Listrup gibt es ein altes, handbetriebenes Wehr im Fluss – ein naiver Eingriff in den Lauf des Wassers, wenn man den nur wenige Kilometer östlich verlaufenden Kanal damit vergleicht. Zwar war der Zweck des Wehrs, das 1828 gebaut wurde, die Ems bis hinauf nach Rheine in Westfalen schiffbar zu machen, doch gleitet man in seinem Kanu hier auf der alten Ems, wo die Ufer noch schilfbestanden sind, trotzdem meist lautlos und völlig allein dahin. Vielleicht fängt man einen Aal, wenn die Angelschnur dabei ist, vielleicht schlägt man auf dem Campingplatz am Fluss sein Zelt auf und brät den Fang. Und bedenkt: Der Fluss, dem man folgt, ist die Lebensader der Region, die seinen Namen trägt – bis heute.

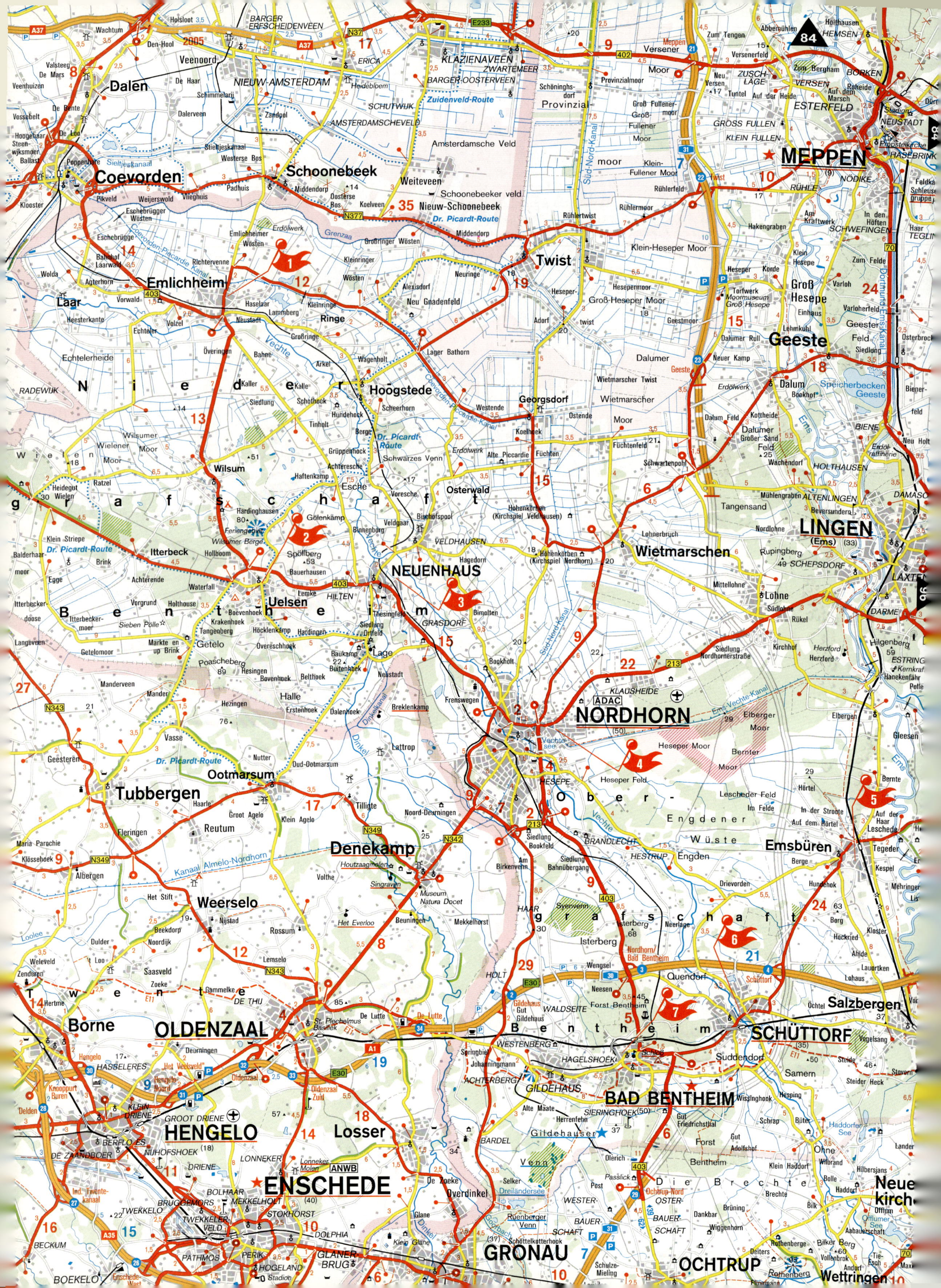

84
Dalen
Coevorden
Schoonebeek
Emlichheim
Laar
Twist
MEPPEN
Geeste
Hoogstede
Georgsdorf
Wilsum
Uelsen
NEUENHAUS
Wietmarschen
LINGEN (Ems)
NORDHORN
Lohne
Tubbergen
Ootmarsum
Denekamp
Weerselo
Emsbüren
Borne
OLDENZAAL
HENGELO
Losser
ENSCHEDE
GRONAU
BAD BENTHEIM
SCHÜTTORF
Salzbergen
OCHTRUP
Wettringen
Nieuw-Amsterdam
Veenoord
Klazienaveen
Erica
Zwartemeer
Amsterdamsche Veld
Weiteveen
Nieuw-Schoonebeek
Provinzialmoor
Versen
Hesepe
Groß Hesepe
Dalum
Neugnadenfeld
Ringe
Esche
Veldhausen
Osterwald
Itterbeck
Getelo
Lage
Klausheide
Engden
Hengelo
Glanerbrug
Gildehaus
Neuenkirchen
N i e d e r g r a f s c h a f t
B e n t h e i m
O b e r - g r a f s c h a f t
Engdener Wüste
Die Brechte
Dr. Picardt-Route
Zuidenveld-Route
Kanaal Almelo-Nordhorn
Ems-Vechte-Kanal
Dortmund-Ems-Kanal
Süd-Nord-Kanal
Speicherbecken Geeste
Vechte
Dinkel
Ems
ADAC
ANWB

Wo gibt es was?

Fähnchennummer = Textnummer ⓘ = Auskunft

Emlichheim ①

Die Samtgemeinde (13 200 Einw.) unmittelbar an der niederländischen Grenze geht auf eine 1312 erstmals erwähnte Ortschaft zurück. Wichtige Arbeitgeber sind der Kartoffelverarbeiter ›Emsland Stärke‹ und die Erdölförderbetriebe im OT *Wüsten*.
Sehenswert sind eine ev.-ref. Kirche (urspr. 11. Jh.), eine ev.-altref. Kirche mit besonderer Architektur und eine Mühle im OT *Laar*. Schöne Landschaft am Coevorden-Piccardie-Kanal und längs der Vechte.
Aktivitäten: Hallenbad, Reithalle, Wander- und Radwanderwege bis in die Niederlande (Anschluss an das Grafschafter Radwanderwegenetz).
ⓘ Gemeindeverwaltung, Hauptstr. 24, 49824 Emlichheim, Tel. 05943/809-0, Fax 809-70.

Uelsen ②

Staatl. anerkannter Erholungsort inmitten einer weiten Wald- und Heidelandschaft. Im Nordosten liegt der Spöllberg, wo um 1840 der ›Goldene Becher‹ gefunden wurde, das angeblich älteste Goldgefäß Mitteleuropas.
Sehenswert: Kirche (12. Jh.) aus Bentheimer Sandstein, Rathaus (17. Jh.), Wassermühle (1852) mit Mühlenteich und Windmühle (um 1780) auf dem Mühlenberg.
Umgebung: Mehrere prähist. Hügelgräber, darunter der Sandsteinfindling ›Egger Riese‹ bei *Itterbeck* (6 km westl.).
Aktivitäten: Angeln, Radtouren (Hesinger Grenzroute, ca. 28 km), Frei- und Hallenbad, Kutschfahrten, Ponyreiten, Wandern, Feriengebiet *Wilsumer Berge* (100 ha), Ferienpark mit Abenteuerspielplatz.
ⓘ VVV Uelsen, Tel. 05942/1411, oder Gemeindeverwaltung, Tel. 05942/2090, Fax 20960, www.uelsen.de

Neuenhaus ③

Neuenhaus an den Flüssen Dinkel und Vechte erhielt 1369 Stadtrechte und ist seit 1970 Sitz einer Samtgemeinde mit ca. 13 200 Einw. Für Arbeit sorgen u.a. eine Zwieback- und Keksfabrik sowie ein Hersteller von Schiffskompressoren.
Sehenswert sind das Rathaus von 1793, die ev.-ref. Kirche (Ende 17. Jh.), die ein niederländ. Architekt als reine Predigtkirche mit rechteckigem Grundriss erbaute. Einige markante Stufengiebel prägen das Ortsbild; in einem typischen Bürgerhaus ist das Heimatmuseum (Info bei der Gemeinde) untergebracht.
Umgebung: 3 km südl. die ›Herrlichkeit‹ *Lage* mit Herrenhaus, Burgruine, Teestube, Eichenallee (mit Reiherhorsten) und einer rest. Wassermühle (Unterschlagmühle mit Korn- und Ölmahlgang, Urspr. 13. Jh.); in der Nähe das NSG Reiherhorst. In *Veldhausen* (3 km nordöstl.) ev.-ref. Kirche mit wiederhergestellter ›Courtain-Orgel‹, dem einzigen im klassisch-französischen Stil erhaltenen Instrument in Norddeutschland. In *Wietmarschen* (10 km östl.) eine 1152 gegründete Stiftskirche (Wallfahrtsstätte) mit historischem Stiftsbereich.
Aktivitäten: Bootswandern auf Dinkel, Vechte und Lee; Rad- und Wandertouren.
Veranstaltungen: ›Middewinterhornblasen‹ im Dez.
ⓘ Samtgemeinde, Veldhausener Str. 26, 49828 Neuenhaus, Tel. 05941/9110, Fax 911260, www.neuenhaus.de

Nordhorn ④

Die Kreisstadt (51 200 Einw.) der Grafschaft Bentheim lebt von Industrie (u.a. Holzverarbeitung, Glasherstellung, Fertighäuser), Handwerk und diversen Dienstleistungen.
Sehenswert im verkehrsberuhigten Stadtkern sind die reformierte Kirche am Markt (15. Jh.), einige gut erhaltene Giebelhäuser und der Stadtpark mit seltener Flora. Zur Geschichte der Webereien gibt es das Stadtmuseum Povelturm (di–sa 14–18, so 10–13, 14–18 Uhr), außerdem ein Schiffahrts-Museum (Lingener Str. 132, di–do 9–12 Uhr). Westl. der Stadt Kloster Frenswegen (1394, restauriert), heute ökumenische Bildungsstätte. Südl. am Nordhorn-Almelo-Kanal ein hübsches altes Zollhaus, an dem früher der Schiffsverkehr nach Holland kontrolliert wurde.
Aktivitäten: Auf dem Vechtesee Rudern, Segeln und Tretbootfahren; Rundfahrtboot ›Vechtestromer‹; Tierpark mit Streichelzoo, Sportflugplatz; Radtouren, Kanutouren, Wandern im NSG Syen-Venn (Vogelbrutgebiet), Reiten, Eissport (Tel. 972900).
Veranstaltungen: Holschermarkt (April), Straßenkulturfest (Sept.), Stadtfest (Okt.).
ⓘ Verkehrs- und Veranstaltungsverein (VVV), Firnhaberstr. 17, 48529 Nordhorn, Tel. 05921/34030 und 19433, Fax 82283, www.vvv-nordhorn.de

Emsbüren ⑤

In dem beschaulichen Emsort (9300 Einw.) soll der erste Bischof von Münster von Karl dem Großen einen Hof erhalten haben.
Sehenswert die Andreaskirche (15. Jh) mit Schnitzaltären und histor. Pfarrgarten, das Freilichtmuseum Heimathof (n. V., Tel. 93050) und die Johanneskirche (15. Jh). Die Schwarzbrotbäckerei in Enkings Mühle bietet Besichtigungen und Backvorführungen an (Tel. 281).
Umgebung: In *Elbergen* (6 km nördl.) alte Kornscheune, in *Mehringen* (2 km östl.) eine Windmühle und das Listruper Wehr.
Aktivitäten: Emsfahrten mit ›La Paloma‹ (Mai–Okt. 15–17 Uhr), Kartfahren, Kanufahren, Angeln, Radwandern (›De Lutte‹-Tour in die Niederlande), Reiten; Naturlehrpfad, Hallenbad.
Veranstaltungen: Musiktage im Okt.
ⓘ Verkehrs- und Verschönerungsverein, Schulstr. 6, 48488 Emsbüren, Tel. 05903/933945, Fax 933949.

Schüttorf ⑥

Die gut 11 000 Einw. zählende Stadt an der Vechte hat seit 1295 Stadtrechte und ist so die älteste Stadt der Grafschaft.
Sehenswert sind das prächtige Sandsteinrathaus (15. Jh.) mit Stufengiebel, die ev.-ref. Kirche (15. Jh.) mit 81 m hohem Turm und Reste der Stadtmauer (13./14. Jh.).
Umgebung: In *Samern* (3 km südl.) das ›Piggetörnken‹, angeblich ehemals gräfliche Münzstätte (13. Jh.). In *Ohne* (8 km südl.) die älteste Kirche der Grafschaft (um 1000). In *Quendorf* (3 km nordw.) der Kapellenplatz ›Kluse‹ (Klause, 14. Jh.), ein kreisrunder, von zwei Wallgräben umschl. Platz. In *Salzbergen* (9 km östl.) ein Museum für Feuerwehrfahrzeuge (März–Okt. so 9–12 Uhr und n. V., Tel. 05976/9291).
Aktivitäten: Angeln, Wandern, Frei- und Hallenbad, Reiten, Paddeln.
Veranstaltungen: Jährlich 6 Krammärkte auf dem Kuhmplatz; im Sommer Open-Air-Rockkonzerte auf den Vechtewiesen.
ⓘ Rathaus, Markt 2, 48465 Schüttorf, Tel. 05923/9659-0/25, Fax 965960.

Bad Bentheim ⑦

Die Kur- und Touristenstadt (15 000 Einw.) ist staatl. anerkanntes Heilbad mit Thermalsole- und Schwefelquellen; der OT *Gildehaus* staatl. anerkannter Erholungsort.
Sehenswert ist besonders die über der Stadt aufragende Burg Bentheim mit ihrem Schlossmuseum (März–Okt. tgl. 10 bis 18 Uhr). Bauten aus dem 13., 15., 17. und 19. Jh. bilden die reizvolle Anlage. Ein wertvolles Einzelstück in der Burg ist der ›Herrgott von Bentheim‹, eine Sandsteinplastik des bekleideten Christus am Kreuz. Der umliegende Schlosspark ist 12,3 ha groß, der Kurpark 7,3 ha. In der Stadt gibt es einige malerisch enge Gassen mit Fachwerk, im Kloster Bardel ein Brasilien- und Briefmarkenmuseum (Tel. 05924/78720) und im OT Gildehaus ein geolog. Freilichtmuseum (tgl. geöffnet). Außerdem ein Museum für Radio- und Funkgeschichte im Haus des Gastes (Schloßstr. 18, mi 10.30 bis 12.30, sa/so 14.30–17.30 Uhr).
Aktivitäten: Wandern im Bentheimer Wald und im NSG ›Gildehauser Venn‹; Hallenbäder, beheiztes Freibad, 18-Loch-Golfplatz, Reithalle, Reiterhof, Planwagenfahrten; Freilichtbühne (Mai–Sept.), internationale Spielbank Casino Bentheim.
Veranstaltungen: Grüner Warenmarkt (fr 14–18 Uhr), Flohmarkt (letzter Sa im Aug.); Kurkonzerte.
ⓘ Verkehrsamt, Schloßstr. 18, 48455 Bad Bentheim, Tel. 05922/98330, Fax 983320, www.grafschaft.de

Touristik-Informationen

Adressen

Tourismusverband Osnabrücker Land e.V., Am Schölerberg 6, 49082 Osnabrück, Tel. 0541/95111-95, Fax 95111-20, www.osnabruecker-land.de; Emsland Touristik GmbH, Ordeniederung 1, 49716 Meppen, Tel. 05931/44335, Fax 44344, www.emsland.de; Tourist-Information Dammer Berge e.V., Mühlenstr. 18, 49401 Damme, Tel. 05491/996667, Fax 996668, www. dammer-berge.de; Verbund Oldenburger Münsterland, Oldenburger Str. 246, 49377 Vechta, Tel. 04441/95650, Fax 956515, www.oldenburger-muensterland.de; Fremdenverkehrsverband Grafschaft Bentheim, Van-Delde-Str. 1–7, 48529 Nordhorn, Tel. 05921/961317, Fax 961319, www.grafschaft.de. Ferien auf dem Bauernhof: Arbeitsgemeinschaft Urlaub und Freizeit auf dem Lande, Lindhooperstr. 63, 27283 Verden/Aller, Tel. 04231/9665-0.
(Alle Internet-Adressen sind ohne das Trennzeichen am Zeilenende und ohne Semikolon am Ende zu verwenden!)

Camping

Es gibt gut 20 Camping- und Wohnwagenstellplätze im Osnabrücker Land und in der Region Dümmer/Dammer Berge sowie mehr als zwei Dutzend Plätze im Emsland und der Grafschaft Bentheim. Infoblätter bei den Tourismusverbänden (s. Adressen).

Feste und Veranstaltungen

Überörtlich: im Sept. ›Tage alter Musik‹ im Forum Artium am Kasinopark von Georgsmarienhütte sowie in ca. 30 Schlössern, Kirchen und Adelshöfen (Tel. 05401/34160); Juni–Sept. ›KULTOURsommer‹ im Emsland mit zahlreichen Veranstaltungen, die Kultur und Natur verbinden: Musik, Literatur und Theater an landschaftlich schönen Orten, in alten Bauernhöfen und Herrenhäusern (Broschüre über Emsland Touristik GmbH, s. Adressen).

Jugendherbergen

Jugendherbergen gibt es in Bad Bentheim, Bad Essen, Bad Iburg, Börger, Damme, Haren, Lingen, Melle, Osnabrück, Papenburg, an der Thülsfelder Talsperre und in Uelsen. Neu eröffnet wurde die DJH am Alfsee, Westerfeldstr., 49597 Rieste, Tel. 05464/92080. Info unter www.djh.de/unterweser oder Tel. 0421/59830-0.

Mühlen

Im Osnabrücker Land gibt es die meisten Wind- und Wassermühlen Niedersachsens (Führer beim Tourismusverband, s. Adressen). Eine Vielzahl historischer Mühlen findet sich auch im Emsland; den besten Überblick darüber bietet das Mühlenmuseum in Haren/Ems (s. dort).

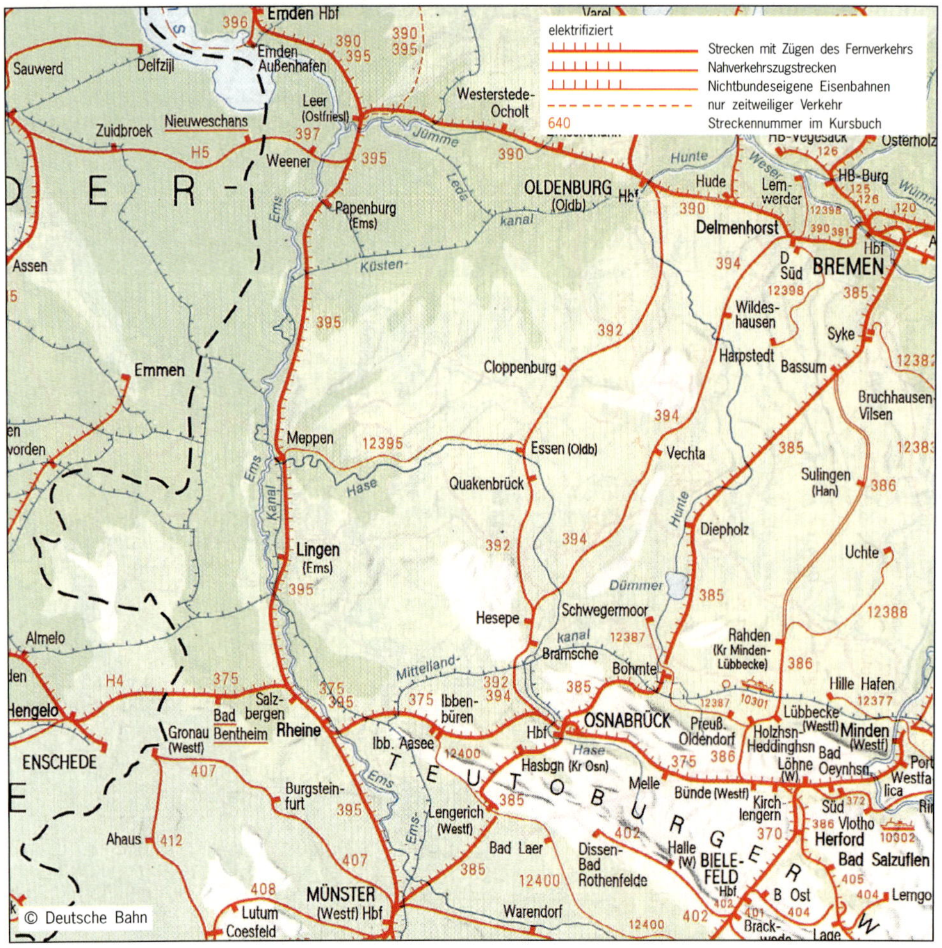

Öffentliche Verkehrsmittel

Die meisten Orte im Osnabrücker Land sind mit öffentlichen Verkehrsmitteln zu erreichen; in der Stadt Osnabrück hat man mo bis fr ab 9 Uhr freie Fahrt mit der ›9-Uhr-Tageskarte‹ (VOS Verkehrsgemeinschaft Osnabrück, Tel. 0541/3572777, www.stadtwerke-osnabrueck.de).
Auskunft über regionale Bus- und Bahnfahrpläne im Emsland erteilt die ÖPNV Mobilitätszentrale Emsland Tel. 05931/933633.

Restaurants

Eine kleine Auswahl:

Speisen auf hohem Niveau

Vila Real im Hotel Remarque, Natruper-Tor-Wall 1, 49076 **Osnabrück**,
Tel. 0541/60960, Fax 0541/6096600
Öffnungszeiten: nur abends; Ruhetage: mo, so; Ferien: 2 Wochen im Januar; 42 Sitzplätze
mediterrane Küche
Hauptgericht 21–23 €, Menü 44–55 €

La Vie, Krahnstr. 1, 49074 **Osnabrück**, Tel. 0541/430220, Fax 0541/432615
Ruhetag: mo; Ferien: 3 Wochen im Sommer;
45 Sitzplätze
französische Küche
Hauptgericht 22–33 €, Menü 45–57 €

Landhaus Götker, Tiemanns Hof 1, 49459 **Lembruch**, Tel. 05447/1257, Fax 05447/1057
Ruhetage: mo, di; Ferien: 2 Wochen im Okt.; Terrasse
Hauptgericht 325 €

Le Cha-Cha-Cha, Langenstr. 53, 49624 **Löningen**, Tel. 05432/58560, Fax 05432/58562
Ruhetag: mo; 40 Sitzplätze
regionale deutsche, französische, italienische und vegetarische Küche
Hauptgericht 14–18 €, Menü ab 30 €

Hier stimmt alles! Ambiente, Küche und Preis-/Leistungsverhältnis

Bistro Steinwerk, Krahnstr. 1, 49074 **Osnabrück**, Tel. 0541/430220, Fax 0541/432615.
45 Sitzplätze
Hauptgericht 10–15 €

Casa dei Medici im Haus Uptmoor, Marktstr. 30, 49393 **Lohne**, Tel. 04442/ 910593, Fax 04442/72698
Ruhetage: mo, Sa mittags; Ferien: 3 Wochen in den Sommerferien; 70 Sitzplätze; originelle Einrichtung
Hauptgericht 7–19 €

Touristik-Informationen

Restaurants mit regionalem und preiswertem Speisenangebot

Bauernkate, Meller Str. 197,
49084 **Osnabrück**, Tel. 0541/588637,
Fax 0541/9587991
50 Sitzplätze
Hauptgericht ab 7 €

Alte Posthalterei, Hakenstr. 4a,
49074 **Osnabrück**, Tel. 0541/22292,
Fax 0541/3313088
Ruhetag: so; 80 Sitzplätze
Hauptgericht etwa 10 €

Eichentor, Bernhard-Niehues-Str. 12,
48529 **Nordhorn**, Tel. 05921/89860,
Fax 05921/77948. 90 Sitzplätze
Hauptgericht ab 7 €

Gasthaus Kamphues, Lange Str. 5,
48488 **Emsbüren**, Tel. 05903/1052,
Fax 05903/1052. 80 Sitzplätze
Hauptgericht etwa 10 €

Restaurant Panorama im Hotel für Tagung & Erholung, Am Saller See 3,
49832 **Freren**, Tel. 05904/93300,
Fax 05904/9330222
Ruhetag: mo; 80 Sitzplätze
Hauptgericht etwa 10 €

Restaurant im Hotel Lange, Am Brink 1,
49593 **Bersenbrück**, Tel. 05439/2251,
Fax 05439/3463. 20 Sitzplätze
Hauptgericht ab 10 €

Schnürboden im Hotel Alte Werft,
Ölmühlenweg 1, 26871 **Papenburg**,
Tel. 04961/9200, Fax 04961/920100
110 Sitzplätze
Hauptgericht 10–15 €

Jagdhaus Wiedehage, Steintorstr. 9,
49740 **Haselünne**, Tel. 05961/7922,
Fax 05961/4141
Ruhetag: di; 70 Sitzplätze
Historisches Ackerbürgerhaus aus dem 18. Jh. mit einer originellen Einrichtung
Hauptgericht ab 10 €

Restaurant im Parkhotel am See,
Am See 2, 49740 **Haselünne**,
Tel. 05961/94250, Fax 05961/942525
100 Sitzplätze
Schöner und interessanter Ausblick
Hauptgericht ab 10 €

Cafés

Café Leysieffer, Krahnstr. 41,
49074 **Osnabrück**, Tel. 0541/338150,
Fax 0541/3381549
200 Sitzplätze, Terrasse

Café am Markt, Am Markt 26,
49074 **Osnabrück**, Tel. 0541/26935
110 Sitzplätze, Terrasse

Radfahrer bei Nordhorn: Wo verläuft der Weg durchs Moor? Es ist besser, eine Karte zu Rate zu ziehen …

Café Prinzess im Hotel Grossfeld,
Schlossstr. 4, 48455 **Bad Bentheim**,
Tel. 05922/828, Fax 05922/4349
Spezialität: Bentheimer Moppen

Café Aschenberg, Thieplatz 10,
49196 **Bad Laer**, Tel. 05424/9170
100 Sitzplätze

Alle Angaben von Varta-Experten geprüft; weitere Adressen im Varta-Führer (im Buchhandel erhältlich). Stand November 2000

Schiffsausflüge

Schifffahrten werden auf der Ems ab Emsbüren, Haren, Meppen und Salzbergen, Fahrten auf dem Dortmund-Ems-Kanal ab Lingen angeboten.
Ab Papenburg Tagesfahrten mit einem Hochsee-Katamaran zur Nordseeinsel Borkum und Hafenrundfahrten im Papenburger Seehafen.

Sport und Freizeit

Ballonfahrten: Ballonfahrten Osnabrück, Manfred Poggensee, Spichernstr. 55–57, 49080 Osnabrück, Tel. 0541/801990, Fax 801851; im Emsland über ›Die Kanu-Tour‹, Rheiner Str. 94, 48282 Emsdetten, Tel. 02572/98620, Fax 986226, sowie in Emsbüren, Haselünne, Meppen und Salzbergen (Infos über Fremdenverkehrsämter).
Golf: Im Osnabrücker Land gibt es vier 18-Loch-Plätze (Gut Arenshorst Bohmte; Artland Golfclub Ankum; Osnabrücker Golf-Club Bissendorf, 18 Löcher; Golfclub Varus in Venne, 18 Löcher) und zwei 18-Loch-Plätze in der Nähe in Westfalen; im Emsland zwei 18-Loch-Plätze (Golfclub Emstal in Lingen und Golf Club Gutshof in Papenburg) sowie eine 9-Loch-Tunieranlage im Golfpark Gut Düneburg in Haren; in der Grafschaft Bentheim einen 18-Loch-Platz in Bad Bentheim.
Radtouren: Zu folgenden Radfernwegen sind über die Verkehrsverbände Informationen und Karten (auch im örtl. Buchhandel erhältlich) zu beziehen:
Hase-Ems-Tour von der Hase-Else-Bifurkation bei Gesmold über Osnabrück, Quakenbrück, Haselünne, Meppen und Lingen nach Rheine/NRW (265 km);
Rundkurs DiVa-Tour (›Dinosaurier und Varus‹) von Bramsche nach Bad Essen und zurück über den Venner Berg (99 km);
Radfernweg Osnabrück–Bremen auf zwei Routen, entweder über Dümmer See, Diepholz und Bassum oder über Damme, Vechta und Harpstedt (je ca. 140 km);
Rundweg Emsland-Route von Papenburg über Sögel und Haselünne bis Salzbergen, zurück entlang der Ems über Lingen, Meppen, Lathen (285 km);
Dortmund-Ems-Kanal-Tour von der Nordsee längs der Ems und ihren Kanälen über Emden, Papenburg, Meppen, Emsbüren, Rheine und bis ins Ruhrgebiet (340 km);
Rundkurs United-Countries-Tour über Rhede, Dörpen, Lathen, Haren, Ter Apel, Vlagtwedde und Bellingwolde, der das Emsland mit der holländischen Provinz Groningen verbindet (150 km).
Im Emsland wird außerdem die Kombination ›*Boot & Bike*‹ angeboten: 1000 km Rad- und 440 km Kanuwanderwege (Info über Emsland Touristik, s. Adressen).
In der Grafschaft Bentheim gibt es die 220 km lange *Grafschafter Fietsentour*, eine mehrtägige Rundstrecke durch alle Ortschaften des Landkreises; von der Hauptroute spalten sich mehrere kleine Tagestouren ab. Die Fietsentour führt von Nordhorn über Wietmarschen, Emlichheim, Wilsum, Uelsen, Lage, Neuenhaus, Gildehaus, Bad Bentheim und Schüttorf zurück nach Nordhorn (Info über Verkehrsverband Grafschaft Bentheim, s. Adressen).
Reiten: Reiterhöfe gibt es im Osnabrücker Land u.a. in Ankum, Bippen, Alfhausen und Bad Laer; ein empfehlenswerter Reitwanderweg ist der *Friedenspfad 1648* von Osnabrück nach Münster auf den Spuren des damaligen Reichspostdienstes (ca. 50 km; Broschüre beim Tourismusverband Osnabrücker Land, s. Adressen).
Spezielle Reiterprogramme und geführte Reitausflüge gibt es auch in Haren/Ems und den besonders für Kinder und Jugendliche spannenden ›Ponyhof Junkern Beel‹ in Hilter bei Lathen.
Schwimmen/Wassersport: Segeln, Surfen, Tretbootfahren, Wasserski, Rudern und Schwimmen am Alfsee (Alfhausen/Rieste) und am Dümmer See; Baden am Sandstrand und Bootsfahrten im Ferienzentrum Schloss Dankern (Haren); Surfen und Segeln am Geester See.

Touristik-Informationen

Zu den besten Erlebnisbädern der Region gehören das ›Sport- und Freizeitbad Linus-Lingen‹ und das ›Erlebnisbad Topas‹ in Haren-Dankern.
Zu Kanutouren auf der Hase informieren der Wallenhorster Kanuladen, Tel. 05407/1330, und der Zweckverband Erholungsgebiet Hasetal in Löningen, Tel. 05432/92077. Im Emsland mit seinem dichten Wasserstraßennetz Kanu-Verleih in fast allen Gemeinden.
Wandern: *Westfälischer-Friede-Weg 1648* (ca. 73 km) von Osnabrück nach Münster; *Wittekindsweg* (105 km) durch das Wiehengebirge von Osnabrück zur Porta Westfalica;
Hermannsweg (151 km) durch den Teutoburger Wald von Rheine bis Horn-Bad Meinberg;
Ahornweg (100 km) im Süden des Osnabrücker Landes.
Zahlreiche Wanderrouten im Emsland (Karten anfordern bei Emsland Touristik, s. Adressen).

Unterkunft

Eine kleine Auswahl:

Erholsam und ruhig gelegen

Am Waldbad, Am Waldbad 1,
49843 **Uelsen**, Tel. 05942/93930,
Fax 05942/ 1952
Fahrradverleih, Hallenbad
19 Zimmer
EZ 35–60 €, DZ 65–85 €

Parkhotel am See, Am See 2,
49740 **Haselünne**, Tel. 05961/94250,
Fax 05961/942525
Fahrradverleih, Bootsverleih
12 Zimmer
EZ 40–48 €, DZ ab 77 €

Hotel für Tagung & Erholung,
Am Saller See 3, 49832 **Freren**, Tel.
05904/93300, Fax 05904/9330222
Ruhetag: mo
Fahrradverleih, Sauna, Bootsverleih
34 Zimmer, 2 Appartements,
8 Suiten
EZ 49–74 €, DZ 75–93 €

Idingshof, Bührener Esch 1,
49565 **Bramsche**, Tel. 05461/8890,
Fax 05461/88964
Fahrradverleih, Golfplatz, Sauna
72 Zimmer
EZ 67–70 €, DZ 100–105 €

Wohnen auf hohem Niveau

Alte Werft, Ölmühlenweg 1, 26871
Papenburg, Tel. 04961/9200, Fax
04961/920100
Fahrradverleih, Golfplatz, Sauna, Bootsverleih

Motorsportlicher Anziehungspunkt auch für die alten Kleinen: Zum Bergrennen in Hilter kommen sie alle.

Hotel mit moderner Einrichtung in ehemaligen Werfthallen aus dem 19 Jh.
72 Zimmer, 8 Suiten
EZ 72–89 €, DZ 105–123 €

Hotel Remarque, Natruper Tor-Wall 1,
49076 **Osnabrück**, Tel. 0541/60960,
Fax 0541/6096600
Golfplatz, Sauna
139 Zimmer, 17 Suiten
EZ 100–110 €, DZ 113–123 €

Hotel Aselager Mühle, Zur alten Mühle 12,
49770 **Herzlake/Aselage,** Tel. 05962/93480, Fax 05962/9348160
Golfplatz, 2 Tennisplätze, Sauna, hoteleigenes Hallenbad
65 Zimmer, 6 Suiten, Appartements
EZ 75–100 €, DZ 100–148 €

Burghotel Dinklage, Burgallee 1,
49413 **Dinklage**, Tel. 04443/8970,
Fax 04443/897444
Fahrradverleih, Sauna, hoteleigenes Hallenbad; 55 Zimmer
EZ 90–110 €, DZ 115–148 €

Hier wird Sport groß geschrieben

Am Wasserfall, Am Wasserfall 2
(Hanekenfähr), 49808 **Lingen,**
Tel. 0591/8090, Fax 0591/2278
Fahrradverleih, Sauna, hoteleigenes Freibad
58 Zimmer, 3 Suiten
EZ 42–60 €, DZ 63–73 €

Artland Sporthotel, Tütinger Str. 28,
49577 **Ankum**, Tel. 05462/8820,
Fax 05462/882888
Golfplatz, 2 Tennisplätze, Sauna, hoteleigenes Hallenbad
59 Zimmer, 6 Appartements
EZ 58–65 €, DZ 85–95 €

Preiswert und empfehlenswert

Graf Luckner, Hümmlinger Weg 2,
26871 **Papenburg**, Tel. 04961/76057,
Fax 04961/97990130
Fahrradverleih, Sauna
28 Zimmer, 2 Appartements
EZ 39–45 €, DZ 59–70 €

Bueraner Hof, Kampingring 19,
49328 **Melle/Buer**, Tel. 05427/95520,
Fax 05427/955222
11 Zimmer
EZ 43–68 €, DZ ab 68 €

Haus Brünemann, Kirchstr. 11,
49828 **Neuenhaus,** Tel. 05941/5025,
Fax 05941/4595
7 Zimmer
EZ ab 43 €, DZ ab 75 €

Ibis, Am Bahnhof 12, 49393 **Lohne,**
Tel. 04442/93430, Fax 04442/934310
37 Zimmer
EZ 40–62 €, DZ 40–62 €

Billenkamp Garni, Hauptstr. 2,
49577 **Ankum**, Tel. 05462/74150
10 Zimmer
EZ 30–35 €, DZ ab 50 €

Hörger's Hotel, Kirchplatz 25,
49152 **Bad Essen**, Tel. 05472/94640,
Fax 05472/946434
Ruhetag: mo;
Ferien: 3 Wochen im Januar;
13 Zimmer
EZ 30–45 €, DZ ab 70 €

Alle Angaben von Varta-Experten geprüft; weitere Adressen im Varta-Führer (im Buchhandel erhältlich). Stand November 2000

Wetterdaten

Osnabrück	Tages-temp. max.	Nacht-temp. min.	Tage mit Nieder-schlag	Sonnen-stunden pro Tag
Januar	4°	–1°	12	2
Februar	5°	0°	10	3
März	9°	2°	12	4
April	13°	4°	11	5
Mai	18°	8°	11	7
Juni	20°	11	11	7
Juli	22°	13°	11	6
August	22°	13°	10	6
September	19°	10°	10	5
Oktober	14°	7°	9	4
November	8°	3°	12	2
Dezember	5°	1°	13	1

Durchschnittswerte Quelle: Deutscher Wetterdienst, Hamburg

Register

(**Fettgedruckte** Ziffern verweisen auf Autoatlas und Stadtplan, unterstrichene Ziffern auf Abbildungen)

Zeichenerklärung Karten

Autoatlas

- Autobahn mit Anschlussstelle -, Bedarfsumleitung (Osnabr.-Hellern, 16, 465)
- Rasthaus mit Übernachtung - Raststätte (Grönegau)
- Kleinraststätte - Tankstelle - Autohof
- Parkplatz mit WC - Parkplatz ohne WC
- Autobahn in Bau mit Fertigstellungsdatum (2001)
- Autobahnähnliche Schnellstraße
- Fernverkehrsstraße - Wichtige Hauptstraße
- Hauptstraße - Nebenstraße
- Fahrweg - Fußweg
- Straßentunnel - Brücke
- Straßen in Planung
- Entfernungen an Autobahnen in km
- Entfernungen an Straßen in km
- Touristenstraße (Osning-Route)
- Landschaftlich schöne Strecke
- Straße für Kfz gesperrt - mit Gebühr
- Europa-, Autobahn-, Straßennummern (E37, 1, 51)
- Fernwanderweg - Wanderweg (E2)
- Eisenbahn mehrgleisig
- Eisenbahn eingleisig - Schmalspurbahn
- Bahnhof - Brücke - Tunnel
- Museumseisenbahn
- Flugplatz - Segelflugplatz
- Malerisches Ortsbild (OSNABRÜCK)
- Lohnt einen Umweg (MEPPEN)
- Sehenswert (Propsteikirche)
- Lohnt einen Umweg (Großes Moor)
- Sehenswert (Dose)
- Wo-gibt-es-was? - Hinweis
- Schöne Aussicht
- Campingplatz - Jugendherberge - Golfpl.
- Sportboothafen - Stadion
- Heilbad - Schwimm-,Strand-,Erlebnisbad
- Bedeutendes Bauwerk - Bedeutendes Areal
- Kirche - Kapelle
- Kloster - Klosterruine
- Schloss, Burg - Schloss-, Burgruine
- Windmühle - Wassermühle - Denkmal
- Funk-,Fernsehturm - Turm - Leuchtturm
- Schleuse - Kraftwerk - Wasserfall
- Soldatenfriedhof - Bergwerk - Höhle
- Einzeln stehendes Hotel, Gasthaus, Bergh.
- Ausgrabungs-, Ruinenstätte
- Megalithgrab - Lands.Objekt - Ortshöhe (194)
- Naturpark - Naturschutzgebiet
- Wald - Heide
- Staatsgrenze - Landesgrenze
- Regierungsbezirksgrenze - Kreisgrenze

Stadtplan

- Mehrbahnige Autostraße - Hauptstraße
- Sonstige Straßen
- Eisenbahn mit Bahnhof - Omnibuslinie mit Haltestelle
- Parkplatz - Kirche - Denkmal - Turm
- Polizei - Post - Krankenhaus - Sportplatz
- Wald - Friedhof
- Bebauung - öffentliches Gebäude - Industrieg.
- Wo-gibt-es-was? - Hinweis

Impressum

1. Auflage 2001

Verlag: HB Verlag, Marco-Polo-Zentrum, 73760 Ostfildern, Postfach 3151, 73751 Ostfildern, Telefon 0711/4502-0, Telefax 0711/4502-135. Internet: www.hb-verlag.de

Geschäftsführer: Dr. Thomas Brinkmann, Dr. Stephanie Mair-Huydts © HB Verlag, 2001, für den gesamten Inhalt, soweit nicht anders angegeben

Redaktion und Produktion: Harksheider Verlagsgesellschaft mbH, Fabersweg 1, 22848 Norderstedt, Telefon 040/528862-0, Telefax 040/5234056, E-Mail HVGmbh@aol.com

Redaktion: Ulrike Klugmann (verantwortlich), Horst Keppler, Helga Schnehagen, Christoph Schumann **Redakteur dieser Ausgabe:** Horst Keppler

Text und Bildrecherche: Dr. Johannes Bohmann, Hamburg **Exklusiv-Fotografie:** Mike Schröder, Hamburg **Zusätzliches Bildmaterial:** Alexandra Lüders, Quakenbrück (S. 14/15); MSC Osnabrück (S. 111)

Layout: Rolf Bünermann, Gütersloh **Kartografie:** © Mairs Geographischer Verlag, Ostfildern

HB-Bildatlas Fotoservice: Harksheider Verlagsgesellschaft mbH, Fabersweg 1, 22848 Norderstedt, Telefon 040/528862-22, Telefax 040/5234056

Anzeigenalleinverkauf: KV Kommunalverlag GmbH, Postfach 810565, 81905 München, Telefon 089/928096-24, Telefax 089/928096-20

Vertrieb Zeitschriftenhandel: Partner Pressevertrieb GmbH, Postfach 810420, 70521 Stuttgart, Telefon 0711/7252-227, Telefax 0711/7252-310

Vertrieb Abonnement: Zenit Pressevertrieb GmbH, Postfach 810640, 70523 Stuttgart, Telefon 0711/7252-198, Telefax 0711/7252-333

Vertrieb Buchhandel und Einzelhefte: Mairs Geographischer Verlag, Marco-Polo-Zentrum, 73760 Ostfildern, Telefon 0711/4502-0, Telefax 0711/4502-340

Reproduktionen: Otterbach Digital World KG GmbH & Co., Rastatt **Druck und buchbinderische Verarbeitung:** Echter Würzburg. Printed in Germany

ISBN 3-616-06120-2

Salzburger Land
Salzkammergut · Salzburg

Foto:Salzburg mit Festung und Dom.

Weltoffen, kunstsinnig und immer in Bewegung

Kärntner Slowenenradio auf der Großglockner-Hochalpenstraße hören, bajuwarisches Weißbier unterm Kapuzinerberg trinken, böhmische Mohntorte im Salzkammergut genießen, im Saalbacher Après-Ski-Stadl bei den ›schönen Wadln‹ vom ›Anton in Tirol‹ abhotten. Salzburg, dieses Land mit einer Hauptstadt, die ihre Pracht italienischen Barockarchitekten und kunstsinnigen Fürsterzbischöfen verdankt, ist ein weltoffener Ort der permanenten Begegnung geblieben. Altösterreichischer Kosmopolitismus verbindet sich aufs glücklichste mit bodenständigster Bergbauernkultur und dem alljährlichen Ansturm von fast vier Millionen Nächtigungen.

Pinzgau, Pongau, Flachgau, Lungau, Tennengau, das sind Landschaften, in denen fast jeder seine Tracht zu Hause hat, in denen familiäre ›Stubnmusi‹ nicht nur für Touristen gemacht wird, in denen die Heiligenstatuen frisch vergoldet sind und in denen die Leute wissen, wie ein selbstgebackenes Bauernbrot mit Almfassbutter zu schmecken hat.

Natur pur. Gletscherbrillen auf in den Hohen Tauern, Bergwasser schlürfen in Gastein, auf Alpingondeln über den Hallstätter See gleiten oder sich einfach zwischen Almrausch und Knabenkraut auf die Bergwiese legen und tief durchatmen. Downride mit Snowboard, Gleitschirm oder Mountainbike. Die Alpen modern machen, ohne ihrer Echtheit etwas genommen zu haben, das ist Salzburger Kunst. Wie man das gemacht hat? Der HB-Bildatlas Nr. 220 verrät's – aktuell in Wort und Bild.

Lieferbare Ausgaben

DEUTSCHLAND

93 Allgäu
198 Altmühltal
108 Bayerisch Schwaben
204 Bayerischer Wald
107 Berlin
185 Bodensee
111 Brandenburg
178 Chiemgau · Berchtesgadener Land
145 Dresden · Sächsische Schweiz
116 Düsseldorf
121 Eifel · Aachen
133 Elbe und Weser · Nordseeküste
77 Emsland · Grafschaft Bentheim
171 Erzgebirge · Vogtland · Chemnitz
190 Fichtelgebirge · Frankenwald · Coburger Land
125 Fränkische Schweiz
131 Hamburg
131 Hamburg, English Edition
73 Hannover · Braunschweiger Land
129 Harz
188 Hessisches Bergland
90 Hunsrück · Naheland · Rheinhessen
103 Köln
209 Lüneburger Heide
137 Mainfranken · Steigerwald · Haßberge
99 Mecklenburg-Vorpommern
151 Mittelfranken
135 Mosel
165 München
119 Münsterland · Münster
153 Nördlicher Schwarzwald
159 Nordseeküste Schleswig-Holstein
196 Oberbayern zwischen Lech und Inn
95 Oberpfalz · Regensburg
143 Odenwald · Kraichgau · Bergstraße
219 Osnabrücker Land · Emsland
155 Ostbayern zwischen Donau und Inn
211 Ostfriesland · Oldenburger Land
168 Ostseeküste Mecklenburg-Vorpommern
157 Ostseeküste Schleswig-Holstein
215 Die Pfalz
194 Potsdam · Havelland
149 Rhein und Ruhr
127 Rhön
208 Rügen · Usedom · Hiddensee
161 Saarland
78 Sachsen
114 Sachsen-Anhalt
110 Sauerland
200 Schwäbische Alb
179 Seen in Mecklenburg und Lauenburg
147 Spessart
214 Spreewald · Lausitz · Märkisch-Oderland
139 Südschwarzwald
182 Tauber und Neckar · Stuttgart · Heilbronn · Rothenburg
173 Teutoburger Wald · Ostwestfalen
94 Thüringen
141 Thüringer Wald
202 Trier
163 Weimar · Erfurt · Nördliches Thüringen
123 Weserbergland
98 Westerwald · Taunus · Rheingau

BENELUX

187 Flandern · Brüssel
146 Holland – Inseln · Küste · Amsterdam
62 Luxemburg

FRANKREICH

160 Atlantikküste
122 Bretagne
217 Burgund
67 Côte d'Azur · Monaco
113 Elsaß
85 Korsika
102 Loire
132 Normandie
91 Paris
192 Provence
184 Südfrankreich · Languedoc-Roussillon

GRIECHENLAND · ZYPERN

193 Athen · Peloponnes
140 Griechische Inseln · Kykladen
189 Korfu · Ionische Inseln
81 Kreta
104 Rhodos · Dodekanes
166 Zypern

GROSSBRITANNIEN · IRLAND

158 Irland
197 Kanalinseln
175 London
144 Schottland
124 Südengland
216 Wales

ITALIEN · MALTA

195 Adriaküste · Emilia Romagna
126 Gardasee · Trentino
156 Golf von Neapel · Kampanien
128 Malta
210 Mittelitalien · Marken · Umbrien · Abruzzen
142 Oberitalienische Seen · Lombardei · Mailand
74 Riviera · Genua
105 Rom
136 Sardinien
92 Sizilien
201 Süditalien · Apulien · Basilikata
207 Südtirol
167 Toskana · Florenz
181 Venedig · Venetien · Friaul · Triest

MITTEL- UND OSTEUROPA

164 Böhmen
138 Budapest
148 Danzig · Ostsee · Masuren
120 Prag
152 St. Petersburg

ÖSTERREICH

162 Burgenland
170 Kärnten
199 Niederösterreich · Wachau
218 Oberösterreich
66 Steiermark · Graz
174 Tirol
47 Vorarlberg
206 Wien

SCHWEIZ

154 Basel · Bern · Aargau · Solothurn
115 Graubünden
172 Tessin
191 Westschweiz · Genfer See · Wallis
72 Zentral- und Ostschweiz

SPANIEN · PORTUGAL

130 Algarve · Lissabon
150 Costa Blanca · Valencia · Alicante
109 Costa Brava · Katalonien
83 Costa del Sol · Andalusien
176 Gran Canaria · Fuerteventura · Lanzarote
213 Ibiza · Formentera · Menorca
134 Madrid
212 Mallorca
203 Nordportugal
205 Nordspanien
177 Teneriffa · La Palma · Gomera · Hierro

SKANDINAVIEN

183 Bornholm
186 Jütland
180 Nordnorwegen
169 Südfinnland · Helsinki
106 Südnorwegen
118 Südschweden · Stockholm

In Vorbereitung

220 Salzburger Land · Salzkammergut · Salzburg
221 Korsika
222 Elsass

Überall im Buchhandel / Bahnhofsbuchhandel erhältlich oder zu bestellen unter Telefon 0711/7252-198, Fax 0711/7252-333

Erholungsgebiet Hasetal · Artland · Bramsche Wallenhorst · Fürstenau

BRAMSCHE

Auf Tuchfühlung mit der Geschichte

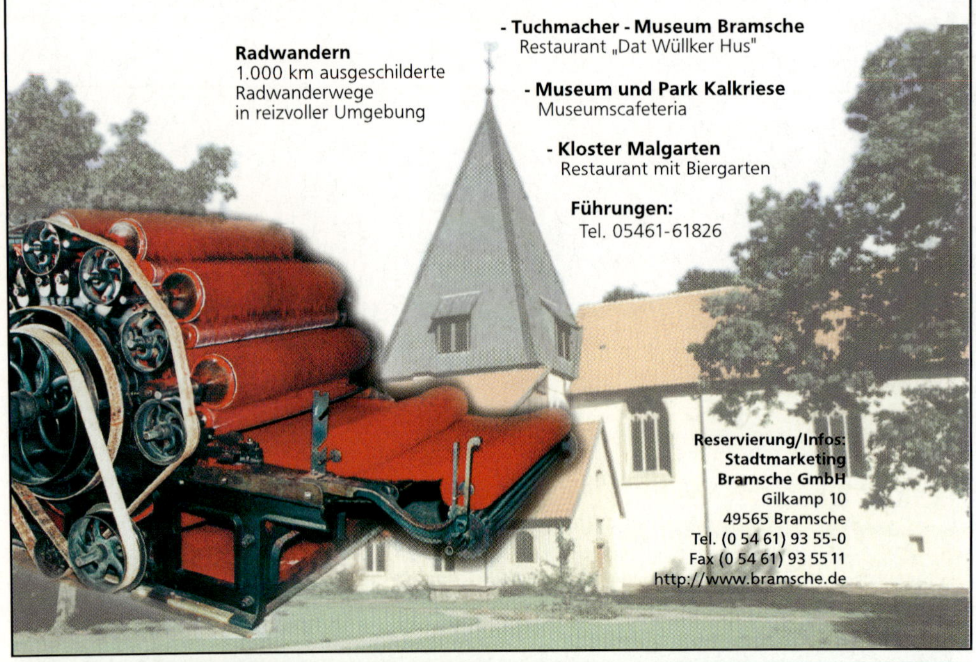

Radwandern
1.000 km ausgeschilderte Radwanderwege in reizvoller Umgebung

- **Tuchmacher - Museum Bramsche**
  Restaurant „Dat Wüllker Hus"
- **Museum und Park Kalkriese**
  Museumscafeteria
- **Kloster Malgarten**
  Restaurant mit Biergarten

Führungen:
Tel. 05461-61826

Reservierung/Infos:
Stadtmarketing Bramsche GmbH
Gilkamp 10
49565 Bramsche
Tel. (0 54 61) 93 55-0
Fax (0 54 61) 93 55 11
http://www.bramsche.de

FÜRSTENAU
leben & erleben

Fürstenau leben

- Fürstbischöfliches Schloss mit Nord-Ost-Bastion und Kath. Kirche „St. Katharina"
- Historische Innenstadt mit bedeutenden Bauwerken wie Hohes Tor, Altes Rathaus, Evgl. St.-Georgs-Kirche und alten Fachwerkhäusern
- Straußenfarm
- Heimathaus Settrup

Fürstenau erleben

- Frühjahrs- (2. Mai-Wochenende) und Herbstkirmes (3. September-Wochendende)
- Bürgerschützenfest (2. Juli-Wochenende)
- Settruper Bauernmarkt (2. September-Sonntag)
- Weihnachtsmärkte
- Rad-, Reit- und Wanderwege
- Campingplatz
- Tennis- und Fußballplätze
- beheiztes Freibad
- Schulreitsportzentrum und Ponyhof

Stadt Fürstenau
Schloßplatz 1
49584 Fürstenau
Tel. 0 59 01 / 93 20-0
Fax 0 59 01 / 93 20-12
www.fuerstenau.de
info@fuerstenau.de

FÜRSTENAU IM OSNABRÜCKER LAND

Gemeinde Wallenhorst

Rathausallee 1, 49134 Wallenhorst
Tel. 0 54 07 / 88 81 21
Fax 0 54 07 / 88 89 99

Heu – Hotel Hof Hildebrand

Burenstr. 5
49635 Badbergen/ Lechterke
Tel. 0 54 33 / 88 23
Fax 0 54 33 / 88 25

Ferien auf dem Bauernhof einmal anders
Ein Erlebniswochenende ideal für Gruppen und Familien
Schlafen im Heu, Bauernfrühstück, Grillen
Planwagen- und Kanufahrten (Transfer), Kaffeetrinken
Bauernhoferlebnis, Haustiere zum Anfassen
Ein kinderfreundliches Haus mit vielfältigen Freizeitmöglichkeiten
Gesellschaftsraum bis zu 70 Personen für Veranstaltungen jeder Art
Voranmeldungen sind erforderlich!
Wir freuen uns auf Ihren Besuch

Reiterhof Eilfort

Tel. 0 54 62 / 3 18
Fax 96 24 20
Tütingen 6
49577 Ankum
www.reiterhof-eilfort.de

- Gemütliche Ferienwohnungen
- Gastboxen, Reithalle, Außenplatz, Gelände
- Rustikales Reiterstübchen
- Golfplatz, Badesee, Sehenswürdigkeiten in der Nähe

LÖNINGEN

staatlich anerkannter Erholungsort
im Erholungsgebiet Hasetal

Verkehrsverein Hasetal
Langenstraße 33 · 49624 Löningen
Telefon 0 54 32 / 42 22 · Fax – / 9 20 78

Drei Sterne aus dem Hasetal empfehlen sich für geplante und individuelle Touren

★ ★ ★
Hotel · Restaurant **Lange**
Am Brink 1
49593 Bersenbrück
Tel. 05439 - 2251/3279
Fax 05439 - 3463
E-mail: Info@Hotel-Lange.de · Internet: www.Hotel-Lange.de

★ ★ ★
HOTEL · RESTAURANT RÜWE
Telefon 0 54 32 / 94 20 - 0 · Fax 0 54 32 / 94 20 - 11
Kurt-Schmücker-Platz 10 · Parkstr. 15 (Hoteleingang)
E-mail: hotel-restaurant.ruewe@t-online.de

Hotel · Restaurant ★ ★ ★
SCHMIDT
Am Markt 17
49716 Meppen
Tel. 0 59 31 / 98 10 - 0 · Fax 0 59 31 / 98 10 - 10
E-mail: hotel-schmidt@meppen.de · Internet: www.meppen.de/hotelschmidt

Wir organisieren für Sie Zwei-Tages-Touren

Heuhotel Buth

Kanustop / Fahrradstop
Langedamm 5 • 49624 Löningen/Bokah
Tel./Fax: 0 54 34 / 12 36
Internet: www.hasetal.de/gastgeber/macke-buth.html

Kanu-Verleih
Ludger gr. Macke
Farwicker-Weg 4 • 49632 Essen/Ahausen
Tel. 0 54 34 / 70 92 • Fax 0 54 34 / 90 44 17
eMail: ludger.gr-macke@t-online.de

Quakenbrück

- ländliche Kulturschätze
- historische Hansestadt
- Kulinarische Genüsse
- Fuss-, Rad- und Bootstouren
- Gruppentouren

im Artland

Informieren Sie sich!
Wirtschaftsagentur Artland
49610 Quakenbrück, Markt 5
Email: wirtschaftsagentur@artland.de
Tel.: (0 54 31) 90 46 49
Fax: (0 54 31) 90 46 50
www.artland.de

Osnabrück · Bramsche · Damme Ströhen · Espelkamp

Erholungsgebiet Hümmeling · Erholungsgebiet Hasetal
Lingen · Freren · Emsbüren · Salzbergen · Lathen